"一带一路"倡议与
对外投融资合作框架

中国人民银行国际司 著

中国金融出版社

责任编辑：王慧荣
责任校对：潘　洁
责任印制：张也男

图书在版编目（CIP）数据

"一带一路"倡议与对外投融资合作框架/中国人民银行国际司著．—北京：中国金融出版社，2019.2

ISBN 978 - 7 - 5049 - 9981 - 8

Ⅰ.①一… Ⅱ.①中… Ⅲ.①对外投资—研究—中国②外资利用—融资—研究—中国　Ⅳ.①F832.6

中国版本图书馆 CIP 数据核字（2019）第 030296 号

"一带一路"倡议与对外投融资合作框架
Yidai Yilu Changyi yu Duiwai Tourongzi Hezuo Kuangjia

出版　中国金融出版社
发行
社址　北京市丰台区益泽路 2 号
市场开发部　　（010）63266347，63805472，63439533（传真）
网上书店　　http://www.chinafph.com
　　　　　　（010）63286832，63365686（传真）
读者服务部　（010）66070833，62568380
邮编　100071
经销　新华书店
印刷　北京市松源印刷有限公司
尺寸　169 毫米 ×239 毫米
印张　9
字数　130 千
版次　2019 年 2 月第 1 版
印次　2019 年 2 月第 1 次印刷
定价　38.00 元
ISBN 978 - 7 - 5049 - 9981 - 8
如出现印装错误本社负责调换　联系电话（010）63263947

本书编写组

执笔：黄子骥　孔繁潇　杨春雨
　　　韩士皓　赵志浩　倪叙伦
　　　戚雅林

审稿：朱　隽　张正鑫　郭　凯

序　言

2013年秋天，习近平主席提出共建"一带一路"重大倡议，以"共商、共建、共享"为核心，涵盖"政策沟通、设施联通、贸易畅通、资金融通、民心相通"五大领域。"一带一路"沿线国家经济发展的潜力巨大。共建"一带一路"不仅需要大量的资金，而且需要多样的配套金融服务。资金融通在其中的重要意义不言而喻。与此同时，随着我国在继续作为外商投资流入大国的同时，逐步转变为几乎对等的对外直接投资大国，如何搭建科学、合理、可持续的对外投融资合作框架也自然成为需要深入研究的重要课题。

在共建"一带一路"倡议提出五周年之际，对构建对外投融资合作框架进行系统深入的研究，有利于总结经验，更好地推动"一带一路"建设向高质量发展迈进。为此，我们总结梳理了对外投融资合作框架的思想和内容，并配以数据和案例，形成《"一带一路"倡议与对外投融资合作框架》一书，以通俗易懂的形式，帮助读者对"一带一路"对外投融资形成清晰完整的认识。

五年来，中国金融部门开拓创新，砥砺前行，致力于推动资金融通，支持"一带一路"建设。开发性、政策性、商业性金融机构，充分发挥各自优势，在为共建"一带一路"项目提供融资的同时，还提供了大量的配套金融服务。证券市场、债券市场逐渐成为了共建"一带一路"的融资来源之一。保险机构不仅创新保险产品和服务模式，为共建"一带一路"保驾护航，还作为中长期机构投资者，直接投资于"一带一路"相关项目。共建"一带一路"倡议绝非一个国家的"独角戏"，在投融资领域也欢迎各方共同参与。金融机构不断加强与国际同行间的合作，开展各类联合融资和经验交流。金融市场的对外开放程度也不断提高，与沿线国家乃至全球市场的互联互通日益深化。

实践出真知。我们正是在总结各金融机构和金融市场实践经验的基础上，深刻领悟习近平主席提出共建"一带一路"倡议的核心精神，逐渐探索构建我国的对外投融资合作框架。我们将这个框架的核心总结为"一个中心、两个基本原则和一条主线"。一个中心是"共商、共建、共享"，这也是"一带一路"倡议的核心精神。两个基本原则分别是"企业为主体、市场化运作、互利共赢"和"可持续性"，坚持这两个基本原则，才能保障对外投融资合作行稳致远。一条主线是"更多使用包括人民币在内的各国本币"，它贯穿整个对外投融资合作框架，也是这一框架特有的中国烙印。

从这些核心形成的主要骨架延伸开去，深入探讨开发性、政策性和商业性金融在对外投融资合作框架中的定位与作用；欢迎社会资金、多边开发银行、国际金融中心等各方共同参与；鼓励更多使用本币融资，倡议沿线各国加快发展本币债券市场；大力发展绿色金融，帮助沿线国家完善宏观经济政策框架，改善当地投融资软环境，引导有序、健康、理性的对外投资，确保投融资合作的可持续性。上述所有这些元素组合在一起，大致可以形成我国的对外投融资合作框架。

最后，本书大部分执笔者都是中国人民银行国际司工作在第一线的年轻同志。他们在繁忙的日常工作之余，仍挤出业余时间笔耕不辍，付出了心血和努力，力求将对外投融资合作框架的思想和脉络、全貌和细节都一一呈现给读者。但因时间仓促及执笔者水平有限，书中难免会有疏漏，恳请读者予以批评指正。

本书编写组
2019 年 2 月

目 录
Contents

第一章　"一带一路"资金融通的现状 ………………………………… 1
　　第一节　"一带一路"沿线国家基本情况 ………………………… 2
　　第二节　"一带一路"沿线国家的基础设施投资需求估算 ……… 6
　　第三节　中国与"一带一路"沿线国家的投融资合作现状……… 8

第二章　开展"一带一路"投融资合作应关注的风险 ……………… 13
　　第一节　开展"一带一路"投融资合作的外部投资环境风险 …… 13
　　第二节　开展"一带一路"投融资合作应关注的内部经营
　　　　　　风险 …………………………………………………… 16

**第三章　"一带一路"投融资合作可参考的主要模式和国际
　　　　经验** ………………………………………………………… 19
　　第一节　商业性金融 ……………………………………………… 19
　　第二节　减让式资金支持 ………………………………………… 22
　　第三节　开发性金融 ……………………………………………… 27
　　第四节　政府和社会资本合作 …………………………………… 30

第四章　"一带一路"投融资合作的理念与原则 …… 34
第一节　共商、共建、共享，充分动员多方力量 …… 34
第二节　坚持市场化原则，明确政府定位 …… 35
第三节　更多使用本币，发挥本币在"一带一路"建设中的作用 …… 37
第四节　在投融资合作中充分保障可持续性 …… 38
第五节　构建"一带一路"对外投融资合作框架 …… 39

第五章　发挥开发性金融在"一带一路"投融资合作中的作用 …… 42
第一节　解决"一带一路"建设面临的资金瓶颈 …… 42
第二节　实现中长期保本微利可持续发展 …… 44
第三节　发挥杠杆作用和放大效应 …… 46

第六章　完善出口信贷国际规则，服务"一带一路"投融资合作 …… 50
第一节　中国在出口信贷领域的实践 …… 50
第二节　出口信贷国际规则的背景、现状及改革建议 …… 54

第七章　推进金融机构与金融服务网络化布局，助力"一带一路"合作 …… 60
第一节　金融机构和金融服务网络化布局的现状 …… 60
第二节　推进金融机构和金融服务网络化布局的重要意义 …… 63
第三节　推进金融机构和金融服务网络化布局的政策建议 …… 65

第八章　多方力量参与，共建"一带一路" …… 69
第一节　充分调动社会资金 …… 69
第二节　与多边开发银行开展合作 …… 71

第三节　探索开展第三方合作 ……………………………… 75
　　第四节　发挥国际金融中心的作用 ………………………… 76
　　第五节　充分发挥股权类投资的作用 ……………………… 79

第九章　在"一带一路"投融资合作中更多使用人民币 ………… 81
　　第一节　人民币在"一带一路"沿线国家的使用现状 …… 82
　　第二节　推动在"一带一路"投融资合作中更多使用人民币 … 87
　　第三节　展望未来，继续为人民币投融资使用创造适宜环境 … 91

第十章　发展本币债券市场　助力"一带一路"建设 …………… 93
　　第一节　发展本币债券市场的重要意义 …………………… 93
　　第二节　我国本币债券市场助力"一带一路"建设 ……… 95
　　第三节　发展本币债券市场的政策建议 …………………… 96

第十一章　推动"一带一路"投融资绿色化，打造"绿色丝绸之路" ……………………………………………………… 101
　　第一节　推动"一带一路"投融资绿色化，促进沿线国家绿色可持续发展 …………………………………… 101
　　第二节　鼓励投资主体在投资决策过程中充分考虑环境保护、社会效益等因素 …………………………… 102
　　第三节　发挥绿色金融撬动作用，共建"绿色丝绸之路" … 107
　　第四节　多措并举推动投融资绿色化，共建"绿色丝绸之路" ………………………………………………… 112

第十二章　加强能力建设，完善投融资"软环境" ……………… 115
　　第一节　完善投融资"软环境"是推进"一带一路"建设的

　　　　重要保障 …………………………………………………… 115
　　第二节　分享发展经验，加强能力建设 ………………………… 117
　　第三节　加强能力建设，完善沿线国家宏观经济政策框架 …… 121

第十三章　深化互利合作，引导有序、健康、理性"走出去" …… 125
　　第一节　在对外投融资中深化互利合作，实现优势互补 ……… 125
　　第二节　强化企业合规经营意识，引导企业健康"走出去" …… 128
　　第三节　完善对外投资管理框架和预警机制 …………………… 129

第一章

"一带一路"资金融通的现状

2013年秋天，习近平主席在出访中亚和东南亚国家期间，先后提出共建"丝绸之路经济带"和"21世纪海上丝绸之路"（合称"一带一路"）的重大倡议，目标是共同发展，理念是合作共赢。"一带一路"倡议提出后，已得到100多个国家和国际组织的支持和响应，形成了广泛的合作共识，为增进沿线国家人民福祉提供了新的发展思路，成为完善全球发展模式和全球治理、推进经济全球化健康发展的重要途径。

2017年10月，习近平总书记在党的十九大报告中强调，要以"一带一路"建设为重点，遵循共商共建共享原则，加强创新能力开放合作，形成陆海内外联动、东西双向互济的开放格局。同时，推进"一带一路"建设、推动构建人类命运共同体、遵循共商共建共享原则等内容写入了《中国共产党党章》。

共建"一带一路"倡议自提出起，就不仅是单纯的经济合作倡议，其包含政策沟通、设施联通、贸易畅通、资金融通、民心相通五个层面。其中，资金融通是支持其他"四通"的血脉，是"一带一路"建设的重要支撑，不仅能直接支持设施联通、贸易畅通，还有助于促进政策沟通，为民心相通奠定基础。

共建"一带一路"倡议提出后，资金融通不断扩大，我国与相关国家的投融资合作不断深化。"一带一路"沿线新兴市场经济体和发展中国家居多，经济增长潜力较大，在基础设施建设和金融服务等方面普遍存在较为旺盛的需求，共建"一带一路"所需的资金量巨大。与此同时，我国企业对"一带一路"沿线国家的投资快速增长，金融部门也为此提供了大量的融资支持和配套金融服务，但仅凭一个国家恐怕无法满足所有资金需求。为此，梳理资金融通的现状，在此基础上统筹构建我国对外投融资合作框架的重要性日益凸显。

第一节 "一带一路"沿线国家基本情况

"一带一路"是开放、包容的国际合作倡议，目前覆盖的地域范围已扩展至全球。为便于分析，本书所称的"一带一路"沿线国家特指东亚、中亚、南亚、东南亚、西亚、中东、北非和中东欧等地区的64个国家。世界银行数据显示，包括中国在内的"一带一路"沿线国家人口和经济总量分别占全球的62%和30%[①]。这些国家呈现出以下几方面共同特点。

一是经济增长潜力大。"一带一路"沿线以发展中国家和新兴市场经济体为主。国际货币基金组织（IMF）数据显示，2012－2016年，发展中国家和新兴市场经济体平均GDP增速为3.2%，大大超出全球2.1%和发达国家1.2%的平均GDP增速水平。其中在"一带一路"沿线，1/3的国家在这期间的平均GDP增速超过5%；1/2的国家在这期间的平均GDP增速为2%~5%，好于全球经济表现。从整体来看，"一带一路"沿线国家经济增速普遍较高。此外，随着"一带一路"倡议的不断推进，沿线国家的经济社会发展潜力将得到进一步释放，经济增速有望进一步得到提升。与此同时，也应注意到，部分"一带一路"沿线国家经济结构较为单一，脆弱性较高，易受外部冲击的影响。

二是自然条件优越，人口红利显著。"一带一路"沿线国家普遍拥有较为丰富的自然资源和劳动力。从自然资源角度看，哈萨克斯坦的铬和铀、泰国的锑、印度尼西亚的锡、土耳其的硼、伊朗和俄罗斯的石油与天然气等自然资源储量均居世界前三位。从人口角度看，沿线国家普遍拥有丰富的劳动力。世界银行的数据显示，"一带一路"沿线国家人口抚养比（非劳动年龄人口数与劳动年龄人口数之比）均值低于50%，其中，南亚国家（44.7%）和中东欧国家（47.7%）人口抚养比最低，比值最高的中亚地区也不超过52.9%，低于54.2%的世界平均水平。

[①] 数据来源于世界银行网站。

由此可见，沿线国家劳动力供给充足，社会负担相对较轻，可为经济增长提供有力助推。

三是基础设施有待完善。基础设施互联互通是"一带一路"合作的优先领域。东南亚、南亚等地区新建基础设施的需求旺盛，中东欧等地区面临巨大的基础设施升级需求。以铁路为例，世界银行的数据显示，"一带一路"沿线国家（不含中国）铁路总里程约32万公里，平均密度为每平方公里0.008公里，低于中国每平方公里0.012公里的铁路密度，较日本每平方公里0.062公里和美国每平方公里0.023公里的水平更是存在较大差距。从人均公里数看，"一带一路"沿线国家平均每万人拥有铁路1.1公里，略高于中国每万人拥有铁路0.8公里的水平，但低于日本每万人拥有铁路1.6公里和美国每万人拥有铁路7.4公里的水平。近二十年来，"一带一路"沿线国家总人口增长12.4%，而同期铁路总里程仅从32.1万公里增加到32.9万公里，增加了2.56%，远低于其人口增速，更远低于同期中国铁路里程57%的增速，对当地经济发展形成了一定限制。

以港口为例，国家信息中心"一带一路"数据中心对主要港口国家和地区进行了评分，满分为7分，得分越低，说明港口基础设施质量和效率越低。"一带一路"沿线除我国、新加坡外的10个主要港口国家和地区[①]平均得分4.4分，较世界主要港口国家和地区荷兰、新加坡和中国香港的6.8分、6.7分和6.4分差距较大，基建质量和运营效率均有待改善。

在能源方面，世界银行数据显示，"一带一路"沿线国家人均年用电量不到1700千瓦时，低于全球平均3125千瓦时和我国3927千瓦时的水平，更低于发达国家约8000千瓦时的人均年用电量，这种差距在人均年用电量不足500千瓦时南亚和非洲地区则更为明显（见图1.1）。

在信息通信方面，国家信息中心对各国信息基础设施发展水平设置了高（80~100分）、较高（60~80分）、中等（40~60分）、较低（20~40

---

① 希腊、土耳其、巴基斯坦、埃及、马来西亚、孟加拉国、斯里兰卡、沙特阿拉伯、缅甸和也门。

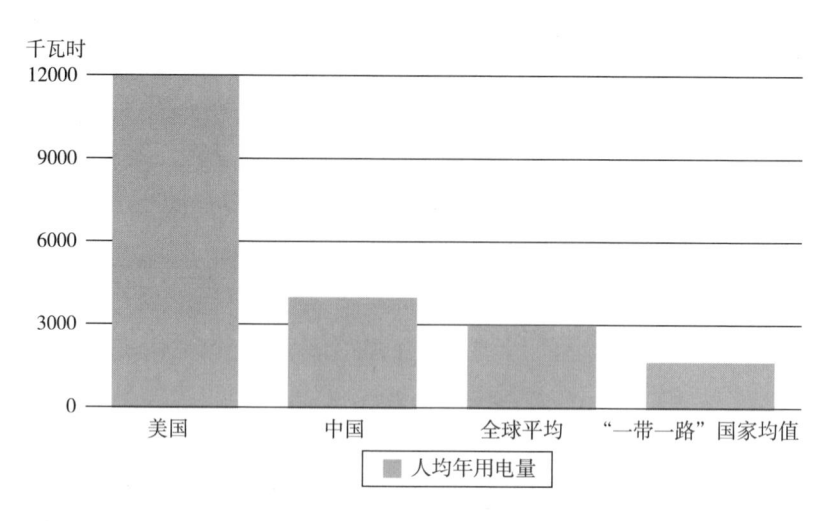

图 1.1 "一带一路"沿线国家人均年用电量对比

分)以及低(0~20分)5个等级,2016年数据①显示,"一带一路"沿线国家信息基础设施总体处于中等水平,平均得分55.4分,有较大发展空间。其中,3国处于高水平,26国水平较高,21国水平中等,13国水平较低,1国处于低水平。得分最高的新加坡(90.4分)与得分最低的阿富汗(14.8分)相差6倍之多(见图1.2)。

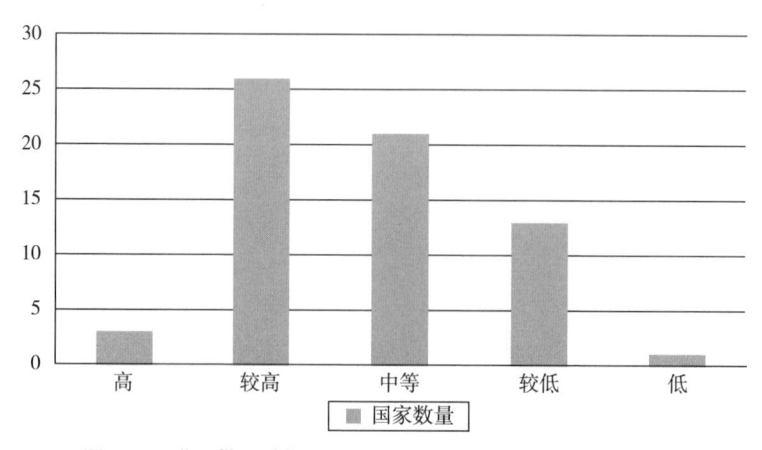

图 1.2 "一带一路"沿线国家信息基础设施发展水平分布

---

① 杨道玲,王璟璇,李祥丽."一带一路"沿线国家信息基础设施发展水平评估报告[J].电子政务,2016(9).

四是金融服务相对不足。"一带一路"沿线国家当地金融部门发展潜力较大，但在为本国经济和社会发展提供足够的融资支持和配套金融服务方面还面临一定局限。例如，"一带一路"沿线国家平均储蓄率仅为21.2%，低于全球26%的平均储蓄率水平。低储蓄率导致"一带一路"沿线国家商业银行资金规模有限、抵御风险能力较弱，难以为实体经济发展提供有力支持。在资本市场方面，美联储经济数据库（FRED）数据显示，"一带一路"沿线国家股市市值占本国GDP的平均比重约为38%，低于全球55%的平均水平和中国65%的水平。欠发达的资本市场在支持当地实体经济发展方面还存在巨大潜力。

同时，"一带一路"沿线国家传统上对外资金融机构的依赖程度较高，易受外部冲击影响。在沿线国家银行业中，外资银行占比较高，以乌克兰、白俄罗斯为例，在乌克兰的176家注册银行中，外资银行为53家，外资占银行资本的比重达40%；在白俄罗斯的30家注册银行中，9家为外资独资银行，13家有外资入股，8家为外国银行的代表处。2008年国际金融危机后，发达国家金融机构忙于自保，在"一带一路"沿线国家开展业务的积极性下滑，甚至出现撤出的现象，代理行业务也迅速缩减。一些国家的金融部门受此直接影响，实体经济获取基本金融服务遭遇困难。

此外，中资金融机构尚未完全实现在"一带一路"沿线国家的网络化布局。截至2017年底，10家中资商业银行在26个"一带一路"沿线国家设立了68家一级机构，数量远远不够。中资投资银行的海外机构在"一带一路"沿线近乎空白；中资金融机构支持"一带一路"建设的服务网络还有待建设完善。

五是需要合理平衡发展与债务的关系。根据IMF和世界银行的债务可持续性分析（DSA）框架，可将各国的公共外债可持续性分为四档："低风险""中等风险""高风险"，以及"陷入债务困境"。2018年6月，DSA最新结果显示，在"一带一路"沿线低收入国家中，乌兹别克斯坦、柬埔寨、缅甸、孟加拉国、尼泊尔五国属于"低风险"国家；吉尔吉斯斯坦、东帝汶、不丹和也门四国属于"中风险"国家；塔吉克斯坦、老挝、阿富汗和马尔代夫四国属于"高风险"国家。在高债务的情况下，开展投融资合作既要尽量满足当地社会经济发展的合理需求，又尤其要注意选择合适的投融资工具和确保融资的可持续性，以平衡好发展与债务的关系。

总结"一带一路"沿线国家的共同特点可以发现，沿线国家自然条件优越、劳动力较为丰富，经济增长潜力普遍较大。但同时，多数国家正处于经济建设和社会发展的关键时期，面临基础设施建设和升级需求旺盛、资金需求较大、金融服务相对不足以及债务与发展之间的关系亟须平衡等多重挑战。为此，有必要科学估计"一带一路"沿线国家的基础设施建设需求，为我国搭建对外投融资合作框架、推进"一带一路"建设奠定基础。

第二节 "一带一路"沿线国家的基础设施投资需求估算

基础设施互联互通是"一带一路"建设的优先领域和重点方向。目前，"一带一路"沿线各国基础设施发展相对不平衡，互联互通程度、基础设施质量和运营效率有待提高。促进沿线各国基础设施互联互通有助于推动各国发展战略的对接，发掘区域市场潜力，促进投资和消费，创造需求和就业，实实在在地改善各国人民生活水平。

据亚洲开发银行（ADB）测算，2017－2030年亚洲基础设施建设投资需求将高达26万亿美元，平均每年为2.5万亿美元；据欧洲复兴开发银行（EBRD）估算，2017－2021年，包括中东欧、西亚、北非和中亚地区在内的"丝绸之路经济带"国家基础设施建设投资需求约为1.9万亿欧元，平均每年为3800亿欧元，占同期沿线国家GDP的9%；据国务院发展研究中心估算，2016－2020年"一带一路"沿线国家基础设施建设资金需求至少为10.6万亿美元，平均每年为2.1万亿美元；据中国香港金融管理局测算，"一带一路"沿线关于基础设施建设投资的需求每年高达0.8万亿～1万亿美元。

第一章 "一带一路"资金融通的现状

世界银行 1994 年提出了基础设施投资总额占 GDP 比重不少于 5% 的政策目标，至今仍具指导意义。世界银行的数据显示，2016 年，"一带一路"沿线国家基础设施投资总额约占 GDP 的 2.39%，远未达到上述目标；相比之下，2017 年中国基础设施投资总额约 14 万亿元人民币，占 GDP（82.7 万亿元）的 17%。借鉴《2017·径山报告》构建中国对外投融资合作框架分报告中采用的估算方法，此处使用 IMF 世界经济展望（WEO）数据库对亚洲新兴经济体和发展中国家、独联体国家以及中东、北非国家 GDP 总量的统计和预测，乘以世界银行提出的基础设施建设总额占 GDP 的 5% 的政策目标。大致估算"一带一路"沿线国家基础设施建设资金需求。

估算得出，沿线国家 2017—2021 年基础设施建设投资需求总额预计为 65735 亿美元，平均每年投资需求为 13147 亿美元。分地区看，亚洲新兴市场经济体和发展中国家年均投资需求为 10173 亿美元；独联体国家年均投资需求为 1125 亿美元；中东、北非国家年均投资需求为 1849 亿美元。

"一带一路"沿线国家在基础设施方面"历史欠账"较多，新建和升级基础设施的需求较为旺盛，基建投资需求占 GDP 的比重可能超过世界银行 5% 的政策目标。假设这一比重达到 7%，2017—2021 年上述国家基础设施建设投资总需求为 92029 亿美元，平均每年投资需求为 18405 亿美元。分地区看，亚洲新兴市场经济体和发展中国家年均投资需求为 14242 亿美元；独联体国家年均投资需求为 1575 亿美元；中东、北非国家年均投资需求为 2588 亿美元。

如果部分"一带一路"沿线国家项目规划和执行能力不及预期，短期内基建投资需求可能达不到占 GDP 的 5% 的目标。假设保守估计这一比重仅为 3%，2017—2021 年上述国家基建投资总需求也将达到 39441 亿美元，平均每年投资需求为 7888 亿美元。分地区看，亚洲新兴市场经济体和发展中国家年均投资需求为 6104 亿美元；独联体国家年均投资需求为 675 亿美元；中东、北非国家年均投资需求为 1109 亿美元。总结上述需求，测算结果如表 1.1 所示。

"一带一路"倡议与对外投融资合作框架

表1.1 主要"一带一路"沿线国家基础设施投资总需求预测

单位：亿美元

占比	国家和地区	2017年	2018年	2019年	2020年	2021年	总计	年均
5%	亚洲新兴市场经济体和发展中国家	8542	9282	10089	10989	11961	50864	10173
	独联体国家	1032	1077	1119	1170	1228	5626	1125
	中东、北非	1632	1731	1836	1954	2090	9244	1849
	总计	11207	12091	13044	14113	15279	65735	13147
3%	亚洲新兴市场经济体和发展中国家	5125	5569	6053	6593	7177	30519	6104
	独联体国家	619	646	671	702	737	3376	675
	中东、北非	979	1039	1101	1173	1254	5546	1109
	总计	6723	7255	7826	8468	9168	39441	7888
7%	亚洲新兴市场经济体和发展中国家	11960	12996	14125	15385	16746	71210	14242
	独联体国家	1446	1507	1567	1639	1720	7877	1575
	中东、北非	2284	2424	2570	2736	2926	12941	2588
	总计	15689	16927	18261	19760	21391	92020	18405

综上所述，"一带一路"沿线国家年均基础设施建设投资需求总额为1万亿美元左右。考虑到沿线国家较为薄弱的金融部门，为满足这一巨大需求，外部融资支持不可或缺。

第三节 中国与"一带一路"沿线国家的投融资合作现状

近年来，我国对外直接投资结构不断优化，对"一带一路"沿线国家投资增长迅速。2008年国际金融危机重塑了世界经济与投资格局，发达经济体的对外直接投资整体呈收缩趋势，而我国在世界投资格局中的地位则稳中有升。2003年以来，我国对外直接投资流量不断增长。2015年起，我国直接投资结束了延续三十多年的顺差，对外直接投资已连续3年超过利用外资规模（见图1.3）。我国在继续作为资本流入大国的同时，已经逐步转变为几乎对等的对外直接投资大国。2017年，我国对外直接投资流量为1582.9亿美元，结构也更为多元，当期收益再投资占比为44%；股权投资占比为42.9%；债务工具投资占比为13.1%。对外投资主要流向制造业、采矿业、能源生产供应业和餐饮住宿业，分别占比50.8%、9.5%、8.5%和5.4%。

同时，我国对"一带一路"沿线国家的直接投资不断扩大。从流量看，2017年投资总额达201.7亿美元，同比增长31.5%，占同期中国对外直接投资流量的12.7%，2013－2017年中国对沿线国家累计直接投资807.3亿美元[①]；从存量看，截至2016年底我国对"一带一路"国家的投资存量达1294亿美元，占我国对外投资总额的9.5%。未来，随着"一带一路"建设、企业"走出去"、国际产能合作的持续推进，我国的海外投融资规模仍具较大潜力，预计还将继续扩大。

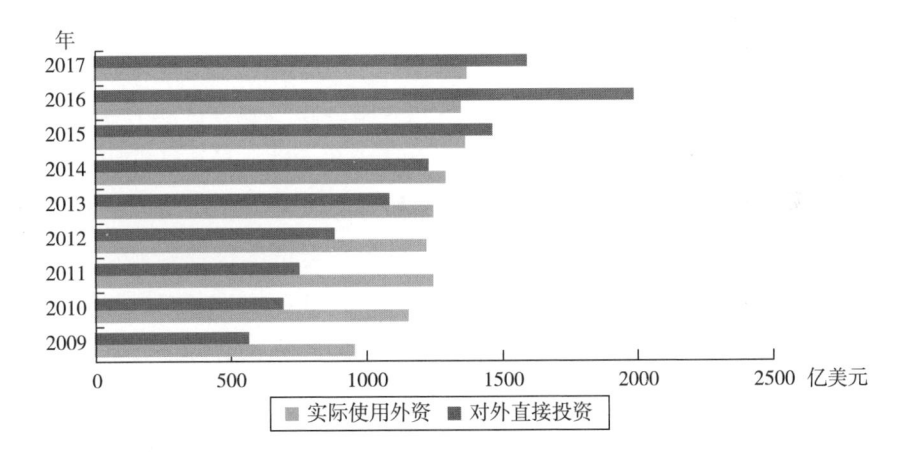

图1.3　2009－2017年我国双向直接投资对比

伴随着直接投资的是我国金融部门为我国企业"走出去"提供了大量的融资支持。以"一带一路"沿线国家为例，在银行业方面，原中国银行业监督管理委员会（以下简称原银监会）的公开数据显示，2015－2017

---

① 资料来源：《2017年度中国对外直接投资统计公报》。

年，中资银行业机构共参与"一带一路"建设项目2700个，累计授信额度近4000亿美元，发放贷款超过2000亿美元，贷款余额约为2000亿美元[1]。其中，国家开发银行、中国进出口银行两家开发性、政策性金融机构是主力。截至2017年6月底国家开发银行在"一带一路"沿线国家累计发放贷款1700亿美元，贷款余额为1100亿美元[2]；截至2018年第一季度末中国进出口银行支持"一带一路"建设贷款余额超过8300亿元，占全行表内贷款余额的28%[3]。

商业银行也充分发挥各自优势，为"一带一路"提供融资支持。截至2017年6月底，中国工商银行累计支持"一带一路"项目200余个，承贷总金额约为670亿美元[4]；中国农业银行2014-2016年为"走出去"企业提供项目贷款、保函、境外发债等资金支持，其中涉及"一带一路"沿线国家42个[5]；截至2017年底，中国银行共跟进"一带一路"项目500余个，在沿线国家实现授信投放约1000亿美元[6]；截至2017年6月，中国建设银行累计为沿线14国的46个重大项目提供金融支持，承贷金额近60亿美元[7]。

除银行外，金融市场也为企业参与"一带一路"建设提供了重要的融资渠道。由上海证券交易所、深圳证券交易所和香港交易及结算所有限公司共同成立的合资公司——中华证券交易服务有限公司于2018年3月发布的《沪深港互联互通上市公司"一带一路"参与情况报告》显示，2014年、2015年和2016年，涉及"一带一路"业务的上市公司数量稳步增加，分别达到538家、571家和594家，通过首次公开募股和再融资，在金融

---

[1] 原银监会国际部主任范文仲在2018年中国金融四十人论坛主办"第二届金家岭财富管理论坛"上的发言。
[2] 国家开发银行董事长胡怀邦在2017中国银行业发展论坛上的演讲。
[3] 中国进出口银行风险管理部总经理李忠元在2018年6月第一百六十八场银行业例行新闻发布会上的报告。
[4] 中国工商银行原副行长张红力在国务院新闻办公室银行业支持"一带一路"举措成效发布会上的发言。
[5] 周慕冰. 银行服务"一带一路"的选择[J]. 中国金融，2017（9）.
[6] 李岚. 全面开放新格局下："一带一路"上的中行"轨迹"[N]. 金融时报，2018-04-02.
[7] 发挥金融服务优势 积极支持"一带一路"建设，建设银行官网新闻稿。

第一章 "一带一路"资金融通的现状

市场获得了大量资金。

企业和金融机构可从债券市场获得资金，用于"一带一路"建设。目前，已有匈牙利、波兰等沿线国家政府和部分企业明确将发行熊猫债募集的资金用于"一带一路"建设。上海证券交易所设立了"一带一路"债券板块，方便境内外企业通过发行"一带一路"债券筹资。截至2018年7月，上海证券交易所已受理并通过的公司债券和资产支持证券共计14只，拟发行规模约800亿元。

保险业机构除为"一带一路"相关项目和企业提供保险产品和服务外，也直接提供了资金支持。截至2018年7月底，我国保险业投资"一带一路"项目资金总额累计已超9600亿元①，投资地域覆盖欧洲、亚洲、美洲，投资领域涉及基础设施、能源资源和金融合作等，投资形式包括股权、债权、股债结合和基金等。

2015年底，在中国倡议下成立的亚洲基础设施投资银行（以下简称亚投行）开始本着财务可行、环境友好、经济可持续的原则，为发展中成员基础设施互联互通建设提供了大量资金支持。截至2018年8月，亚投行成员已达到87个，已批准土耳其、孟加拉国、菲律宾、巴基斯坦、埃及、缅甸、印度尼西亚、塔吉克斯坦等13国基础设施投资项目28个，投资总额53.4亿美元，并撬动公共和私人部门资金300多亿美元，涉及能源、交通、城市建设等领域，预计将产生较高的社会经济效益。

我国还发起设立了多只对外投融资基金，如丝路基金、中拉产能合作投资基金、中非产能合作基金、中国－欧亚经济合作基金等，为"一带一路"建设提供了长期、稳定的资金支持，尤其是提供了大量的股权投资，对目前以债权为主的融资方式形成了有益补充。

其中，丝路基金成立于2014年底，通过以股权为主的多种投融资方式，重点围绕"一带一路"建设推进与相关国家和地区的基础设施、资源开发、产能合作和金融合作等项目，通过市场化、国际化、专业化运营，实现中长期财务可持续。截至2017年底，该基金已签约17个项目，承诺

---

① 冯娜娜. 近万亿险资已投向"一带一路"项目[N]. 中国保险报，2018-09-07.

投资70亿美元①。

中非产能合作基金成立于2015年底，通过与境内外企业和金融机构合作，以股权、债权等多种投资方式，促进非洲"三网一化"建设和中非产能合作，覆盖制造业、高新技术、农业、能源、矿产、基础设施等多个领域。截至2017年底，该基金已批准10个项目，承诺投资10.7亿美元②。

综上所述，我国企业对"一带一路"沿线国家的直接投资迅速增长，结构不断优化；金融部门也为"一带一路"建设提供了大量融资支持。但是"一带一路"沿线国家基础设施建设和社会经济发展所需的资金远超出我国所能提供的资金。

"一带一路"沿线国家自然禀赋优越，人口红利显著，发展潜力可观。当地基础设施建设和社会经济发展需要大量的资金支持。但是，"一带一路"沿线国家金融部门较为薄弱，中资金融机构网络化布局尚待完善。"一带一路"沿线国家基础设施建设和社会经济发展面临巨大的融资缺口。

在此背景下，搭建"一带一路"对外投融资合作框架，提高已有资金的使用效率，动员更多的外部资金参与，对促进资金融通、推进"一带一路"建设有重要意义。我们将在总结"一带一路"投融资合作现状的基础上，探索构建"一带一路"对外投融资合作框架。

---

① 丝路基金董事总经理罗扬在2017年"一带一路"国际创新论坛上的发言。
② 中非产能合作基金董事总经理王玉龙在2017年"一带一路"国际创新论坛上的发言。

第二章

开展"一带一路"投融资合作应关注的风险

"一带一路"倡议提出以来，我国企业和金融机构赴"一带一路"沿线国家开展投融资的步伐明显加快，规模不断扩大。在取得成绩的同时，也要关注未来可能面临的各类风险。一方面，"一带一路"沿线国家多为新兴市场经济体和发展中国家，发展潜力与投资风险并存；另一方面，中国企业和金融机构海外业务的快速扩张，对其全球经营管理能力和风险控制能力提出了更高的要求。正确识别赴"一带一路"沿线国家投融资面临的问题与风险，有助于企业根据自身情况，选择适宜的投融资模式，合理制定投融资规划，也有助于金融机构构建科学的"一带一路"对外投融资合作框架，保障"一带一路"投融资合作的安全。

第一节 开展"一带一路"投融资合作的外部投资环境风险

由于境外东道国投资环境差异性较大，企业和金融机构在应对外部投资环境方面应关注和考虑一些问题，包括投资目的地的宏观经济风险、债务可持续风险、汇率变动风险、地缘政治风险、当地社会责任问题等。

中国已成为全球第二大对外直接投资国，同时，近年来"一带一路"沿线国家政治、经济和社会局势发生了深刻变化。一方面，各国经济表现不一，呈现出不同的国家风险特征，另一方面，各国所反映出来的问题具有一定的共性，需要认真总结。

一是应密切关注全球和区域宏观经济和金融市场形势，及时研判有关变化。2008年国际金融危机以来，全球经济环境更加复杂，全球金融市场的不确定性和联动性增强。尤其是近期"去全球化"和贸易保护主义逐渐抬头，发达国家经济政策不确定性加大，为全球经济带来新的风险。"一带一路"沿线国家大多为新兴市场经济体和发展中国家，各国经济增长表现不一，但大多易遭受外部冲击，抵抗全球经济风险的能力较差。例如，东南亚地区整体政治局势稳定，经济增长较为强劲，但随着近年来外部需求不振，东南亚国家出口普遍遭遇困难，强劲增长势头有所放缓。大宗商品价格目前持续在低位徘徊，加剧了部分大宗商品出口国的经济和财政压力。阿根廷对大豆等农产品出口的依赖程度相对较高，如农产品价格变动较大，将对阿根廷产生明显的冲击，且有可能传递到社会和政治层面。原油价格转为弱势，将对沙特阿拉伯、阿联酋等国的财政压力产生较大影响。一旦投资目的国遭受外部冲击，宏观经济下行，将对投资项目的推进和收益产生负面影响，须及时研判，提前做好多种预案。

二是应关注一些投资目的国的债务可持续性问题。"一带一路"倡议的推动离不开资金支持。但是，沿线国家的负债能力具有很大的差异，一些国家的外债规模和增速均大幅超过国际警戒线。例如，截至2016年底，吉布提的公共外债占GDP的比重达到85%；吉尔吉斯斯坦的公共外债占GDP的比重为60.7%；蒙古国的公共外债占GDP的比重为67.8%。华盛顿全球发展中心（Center for Global Development）"*Examing the Debt Implications of the Belt and Road Initiative from A Policy Perspective*"报告指出[①]，包括巴基斯坦、马尔代夫和老挝在内的"一带一路"沿线八个国家存在潜在的偿债困难。考虑到许多大型基础设施项目都是由政府出面借款，一旦投资目的国的债务可持续性出现问题，即使投资者拥有优秀的投资项目，也可能受到损失。

三是应关注一些投资目的国存在的汇兑限制和汇率风险问题。许多"一带一路"投融资项目的资金投入和资金撤出，都涉及跨境汇兑的问题。"一带一路"沿线国家大多是发展中国家，一些国家存在较为严格的汇兑限制，如强制结汇、限额管理、国家间差别待遇、付汇限制等。根据IMF

---

① http://www.cgdev.org/publication/examing-debt-implications-belt-and-road-initiative-a-policy-perspective.

发布的《2016年各国汇率安排和汇兑限制》,"一带一路"沿线国家中,有61个国家都存在不同程度的外汇管制,如有强制结汇要求的国家共30个,有额度管理的国家共25个,有歧视性货币安排或多重汇率操作的国家共8个;汇率大幅波动的国家共12个;有隐性用汇歧视政策的国家共17个;新加坡等7个国家外汇资源较为丰富,没有外汇限制,但基于反洗钱、反恐怖融资、反逃税的需要或国家安全等因素,也对跨境资本流动进行管理。此外,"一带一路"沿线国家汇率政策变化较大,受宏观经济外部负面冲击影响较大,短期内一些脆弱国家的外汇储备和汇率稳定可能会面临巨大波动,导致汇兑风险高企。如2018年新兴市场货币普遍承压,阿根廷、土耳其等国货币出现大幅下跌趋势。

四是应密切关注一些投资目的国不同程度的政治风险。投资目的国政治局势发生变化可能会给海外投资者带来风险,极端情况下可能使投资者损失巨大。"一带一路"沿线涵盖64个国家,经济发展程度、政治体制、文化历史、宗教状况各有不同,在作出投资决策前,需对东道国的政治风险加以细致、妥善研究。例如,东道国宏观经济大幅波动也有可能激化原有社会矛盾,引发政局动荡。从实践看,一些国家政局动荡均与社会经济、财政压力增大有着密切关系。此外,也需提防极端主义势力对投资安全性造成的负面影响。

五是企业应对当地社会责任问题给予足够重视。一个例子是环境保护问题,随着环境保护意识的增强以及部分国家贸易保护主义和民众排外情绪逐渐蔓延,环境保护和公共卫生安全日益作为一个独立的议题被提出来。在开展对外投融资合作的过程中,如果不了解当地的环境和社会规范,就有可能出现环境污染事故或违反当地宗教、劳工、文化习俗的事件。此外,也需注意与当地社区的关系。一些项目的开发涉及当地政府、社区居民、各类非政府组织(NGO)的利益,如果任何一方出现反作用力,工程项目都难以开展。因此,项目负责人应注重与利益相关方的沟通与关系处理,更多地考虑如何给当地社区或需要帮助的人提供相应的资源和帮助。

此外,还有一些外部问题和风险值得关注。一是信用风险。根据世界银行统计数据，2015年末，"一带一路"沿线国家的不良贷款率平均达8%，不良贷款率超过10%的国家超过30个。中资企业和金融机构在相关国家的投资面临较为严峻的信用环境。二是法律风险。"一带一路"沿线国家法律框架差异较大，部分国家市场发展不够成熟，法律法规不够健全，加之一些投资项目交易结构复杂，中资企业和金融机构境外投资面临较高的法律风险。三是营商环境风险。世界银行《2018营商环境报告》显示，北美和西欧地区的营商环境整体较优，中东和北非、南亚、撒哈拉以南非洲以及拉丁美洲和加勒比地区的营商环境相对较差。四是公共卫生安全风险。随着一些发展中国家工业化进程不断推进，经济发展也带来了严重的污染问题，加上一些国家的公共卫生基础设施落后，一旦爆发疫情，有可能形成较严重的公共卫生安全问题。

第二节 开展"一带一路"投融资合作应关注的内部经营风险

内部经营风险是我国企业和金融机构在选取投资项目、经营投资项目过程中，在内部管理方面所应关注的问题，包括投资决策风险、经营风险、合规风险等。如果忽视这些风险，不仅可能导致项目投资回报低于预期，更有可能引致当地社会和民众的反对，甚至被负面舆论利用，对"一带一路"倡议带来不良影响。

一是应预防企业盲目决策、决策过程不科学等问题，主要指企业和金融机构在进行境外投资过程中由于对投资目标国的投资项目、投资时机、项目所在行业选择不当带来的负面影响。一个例子是在投资行业的选取上。近年来，我国企业和金融机构参与的"一带一路"境外投资项目较多涉及能源资源、基础设施和工程承包等领域的大型项目。对能源资源类项目而言，若终端产品实际供求发生变化，产品价格持续走低，甚至低于能源资源的开采成本，将大幅削弱项目盈利能力，降低投资回报，甚至导致亏损出局。在这种情况下，如果企业无法正确分析拟投资行业的发展趋势，盲目追求热点，将会面临相应的风险。

二是应关注内部经营管理体系是否符合境外投资发展的需要，及时弥补漏洞。境外投资与境内投资有着明显的区别，企业应在公司内部明确境外投资管理的运营部门和职责，尤其是要加强对境外分支机构在资金调拨、融资、股权和其他权益转让、再投资及担保等方面的监督和管理，审慎开展高杠杆投资，培养优秀管理人员，增强派出人员遵法守法及安全风险防范意识和能力。只有建立了完善清晰的境外投资经营管理体系，才能够有效应对各种风险与挑战。

三是企业和金融机构应加强合法合规意识，遵守投资目的国规定。近年来，中资企业海外业务发展较快，更应该注意忽视当地法律法规的风险。企业参与"一带一路"对外投融资项目，应根据自身条件和实力有序开展，着力提高企业创新能力、核心竞争力和国际化经营能力。一方面是要遵守我国的法律法规，如果企业合法合规意识欠缺，不主动履行国内申报程序，甚至通过虚假境外投资非法获取外汇、转移资产和进行洗钱等活动，不仅会给项目投资和企业形象造成负面的影响，也会触及法律红线。不正视风险、不履行程序、过度依赖外部融资等使企业背负承受范围之外的债务，甚至有可能面临一系列财务危机。另一方面是要遵守当地法律法规。近年来，中资金融机构在"走出去"的过程中，部分金融机构仍处于"重发展、轻合规"的管理误区，低估了境外运营中的法律合规风险，忽视了境外监管当局的合规要求，发生了个别影响较大的合规风险事件，暴露出一些问题。

此外，还有一些内部风险和问题值得关注。一是避免卷入别国内政，尤其是避免向当地政府行贿，搞"灰色"交易。二是要注意知识产权保护，应根据业务发展需要，适时办理专利申请、商标注册、著作权登记等工作，也应依法依规获取他方技术和商标使用许可。三是要建立健全应急处置机制，完善安全保障。如有境外安全事故发生，要及时采取必要措施，防止事故扩大。

在"一带一路"对外投融资的过程中，绝大部分中国企业抓住了海外业务快速扩张的机遇期，不断提高经营管理能力和风险控制能力，在不断发展壮大的同时，为"一带一路"建设作出了积极贡献。但也应该看到，由于"一带一路"海外投资多集中于发展中国家和新兴市场经济体,存在项目周期长、规模大、内外部风险高的特征,企业易在对外投融资过程中暴露出一些问题。

因此,在构建"一带一路"投融资框架时,不仅要确保各方资金的充分支持,同样重要的是,还要保证企业和金融机构在投融资过程中面临的一系列风险可以得到充分控制,一些不合规、不真实的投融资行为可以得到有效防范。

第三章

"一带一路"投融资合作可参考的主要模式和国际经验

对外投融资合作通常有以下几种模式。一是商业性金融,主要遵从市场化原则。二是减让式资金支持,特点是需要财政补贴或政府支持,包括官方发展援助和出口信贷等。政府直接援助的资金通常来自财政,不追求经济回报。出口信贷一般由政策性金融机构提供,优惠性的出口信贷通常需要财政支持,在提供资金支持的同时促进双边贸易。三是开发性金融,在服务国家战略的同时强调保本微利和可持续性,通常无须财政补贴,功能介于政策性金融与商业性金融之间。四是政府和社会资本合作(PPP),该模式可发挥公共部门与私人部门各自优势,通过机制安排撬动私人资本参与公共项目建设。本章将对各类投融资模式进行梳理,并结合各国的实际案例分析不同投融资模式的特点和作用。

第一节 商业性金融

一、商业性金融简介

商业性金融是现代金融中的主要融资模式之一。商业性金融是在市场经济环境下,金融机构按照商业原则、以利润最大化为主要目的的融资模式。

根据是否依赖金融中介,商业性金融可分为直接融资与间接融资。直接融资以股票、债券为主要金融工具,资金供给方和资金需求方可以通过直接协商或在公开市场上购入债券或股票,实现资金供需对接。直接融资有利于引导资金快速合理配置,提高使用效益,但其发挥作用往往受金融市场发育程度的限制，且资金供给方承担的责任和风险相对较大。间接融资是资金供给方与资金需求方通过各种金融中介实现的一种融资机制。银行、信托、保险等金融机构通过收揽存款或发行有价证券来募集资金，再以贷款、贴现等形式将资金提供给资金需求方。间接融资能够广泛地动员社会闲散资金，但隔断了资金供求双方的直接联系，资源配置效率依赖金融机构的素质，且监管和风控比较严格和保守，一般难以及时、足量满足新兴产业、高风险项目的融资要求。

根据资金使用方责任和义务不同，商业性金融可分为股权融资和债权融资。股权融资出让公司所有权，公司向股东筹集资金。股权融资筹措的资金是公司正常经营和抵御风险的基础，具有永久性，无到期日，不需偿还，但可转让或者回购退出。债权融资是企业通过举债获得外部资金的融资模式。债权融资包括银行贷款、发行债券、金融租赁等模式。对债权融资所获得的资金，债务人要向债权人偿还资金的本金和利息。债券融资虽然会增加企业的财务风险，但一般不会影响股东对企业的控制权和管理权。

相较于其他融资模式，商业性金融的特点和优势决定了其成为各类融资模式中的主流。一是商业性金融以盈利为主要目的，按照市场化原则运作，资金提供方自主决策，自担风险，自负盈亏。二是相较于公共部门，商业性金融机构通常市场洞察力敏锐、风险评估能力强、投资效率较高。三是商业性金融能动用的资金规模较大，在资源配置中起着基础性作用。四是商业性金融支持的项目成活率相对较高，不易引发道德风险。五是商业性金融灵活性较高，融资模式丰富多样，可以满足不同需求。

但商业性金融也存在一些局限。一是受自身经营决策影响，商业性金融往往难以支持期限长、不确定性高的项目。目前"一带一路"沿线国家急需改善基础设施，一些大型的基建项目规模大、期限长、风险高，因此获得商业性资金难度较大。二是项目即使有利于整体经济和社会发展，只要预期商业回报较小，就往往很难吸引商业性资金。商业性金融机构会从自身收益角度考虑，不愿为这些具有正外部性的项目提供支持。因此，单纯依靠商业性金融在部分领域会造成"市场失灵"。三是商业性金融机构

第三章 "一带一路"投融资合作可参考的主要模式和国际经验

的行为是顺周期的，在经济扩张时愿意提供资金，而在经济收缩时都不倾向于放贷，存在"晴天借伞、雨天收伞"的现象。

二、国际金融中心

国际金融中心是商业性金融活动的聚集地，能提供各类的资金支持和金融服务。根据 2018 年国际金融中心指数[①]，伦敦、纽约、香港、新加坡、东京是世界前五大国际金融中心。其中香港、新加坡均位于"一带一路"沿线国家和地区，对"一带一路"建设具有直接辐射作用，其他国际金融中心也可对"一带一路"建设提供远程服务。

国际金融中心的优势之一是具备发达的资本市场，投资灵活性及效率较高，融资模式丰富。资本市场存在强大的自主选择和市场监督机制，有利于资源合理配置。例如，美国具有世界上最完善、最发达的多层次资本市场体系，对美国经济发展起到了积极的促进作用，其中纳斯达克资本市场是高新技术企业的"摇篮"，汇聚了微软、苹果、谷歌、亚马逊、阿里巴巴等一大批国际知名公司，大量创业初期的企业利用纳斯达克市场实现融资，进而开辟国内国际市场。资本市场可以广泛动员市场资金，减少对传统银行贷款的过度依赖，拓宽融资渠道，形成层次合理、功能互补的金融市场和丰富的产品体系。以中国香港为例，香港交易所目前已发展成为世界上最重要的证券交易所之一，2017 年市值达 34 万亿港元，IPO 总数达 174 个。中国香港已成为中国内地企业最重要的境外上市目的地及全球主要的离岸人民币业务中心。香港交易所还提供丰富的投资产品类别，包括股票、债券、期货、期权、商业票据、交易所交易基金等。

国际金融中心聚集了数量众多的大型金融机构，可获取资金规模庞大。以新加坡为例，根据新加坡金融管理局统计，2017 年，新加坡有各类金融机构 1200 余家，不少金融机构在新加坡设立地区总部。128 家银行、32 家投资银行、58 家信托公司在新加坡开展业务，管理资产规模超过 2 万亿美元。186 家保险公司、77 家保险中介公司在新加坡开展业务。新加坡

---

① 由英国智库 Z/Yen 和中国智库中国（深圳）综合开发研究院共同编撰。

拥有证券公司584家，基金管理公司273家，财务顾问公司61家。新加坡已发展成为全球重要的资产管理中心，共管理资产1.9万亿美元①，近年来，对冲基金、风险投资、私募基金也发展迅速。

国际金融中心还聚集着丰富的专业服务机构，可提供完善的配套服务，有助于投融资的风险评估和风险处置。以中国香港为例，作为国际金融中心，中国香港法治传统优良，司法体系完善和独立，法律行业成熟，律师团队专业水平较高，有助于为商业纠纷提供公正判决，减少投资不确定性。中国香港还是传媒中心，聚集了汤森路透、华尔街日报、新华社、彭博社等国内外知名财经媒体和通讯社，信息资讯高度发达，有助于降低投融资活动的信息不对称。中国香港采用国际标准会计准则，有众多国际会计师事务所，会计专业人士丰富，为投融资活动提供了统一的参照系。资本流动自由，金融监管高效透明，货币调控灵活。香港教育发达，劳动力素质较高，且汇聚了世界各地的专业性人才。这些条件都为商业性金融在国际金融中心的发展提供了良好的土壤。

国际金融中心在推进"一带一路"投融资合作中具有重要作用。目前已有不少中国企业在中国内地、中国香港、美国等地上市，这些企业利用从这些国际金融中心的资本市场获得了资金，并利用新加坡、香港、迪拜等国际金融中心提供的专业服务，开辟"一带一路"沿线国家的市场。香港、新加坡、伦敦已发展成重要的离岸人民币中心，既有利于"一带一路"建设的贸易畅通和资金融通，也有利于扩大人民币的使用。

第二节　减让式资金支持

减让式资金支持模式包括官方发展援助和出口信贷，特点是需要国家财政支持。官方发展援助的资金由政府提供，该模式强调公益，不追求经济回报。出口信贷一般由政策性金融机构提供，优惠性的出口信贷通常需要财政支持，在提供资金支持的同时促进双边贸易。

---

① 数据来源于新加坡金融管理局发布的《2016年新加坡资产管理调查》。

第三章 "一带一路"投融资合作可参考的主要模式和国际经验

一、官方发展援助

根据经济合作与发展组织（OECD）的定义，官方发展援助（official development assistance）是用于促进发展中国家经济发展和改善福利水平的政府援助。官方发展援助的形式包括无偿援助、优惠贷款和无息贷款等。

官方发展援助针对性强，强调公益，不追求经济回报。官方发展援助在促进包容性增长和削减贫困方面优势明显。官方发展援助的资金既可直接向贫困人口进行转移支付，提高卫生和教育水平，又可以通过支持基础设施建设等方式支持当地经济社会发展，带动商业性融资，间接实现削减贫困等援助目的。

在双边领域，官方发展援助的重要来源为 OECD 发展援助委员会成员国（见图 3.1），其包括美国、德国、英国、日本、法国等 30 个国家。在多边领域，世界银行、世界卫生组织、联合国粮食计划署、联合国人口基金、联合国难民署等是活跃的官方发展援助提供方。作为世界上最大的发展中国家，中国以积极的姿态参与官方发展援助，在"南南合作"框架下向其他发展中国家提供援助。根据中国国务院新闻办公室发布的《中国的对外援助（2014）》白皮书，六十多年来，中国共向 166 个国家和国际组织提供了近 4000 亿元人民币援助。

在多边援助层面，世界银行下属机构国际开发协会（IDA）是向发展中国家提供资金最多的国际组织。自 1960 年成立以来，国际开发协会累计向 113 个发展中国家以低息贷款和无偿援助的形式提供了 3450 亿美元援助，以改善公共服务和削减贫困。2011 - 2017 年，国际开发协会利用官方发展援助改善了 7200 万人的饮水条件，向 3000 万名妇女提供了产前护理，在发展中国家培养了 800 万名教师，使 25 万名儿童得以接种疫苗。[①] 例如，孟加拉国是世界上最不发达的国家之一，人口总量高达 1.6 亿人。世界银行的援助对于孟加拉国提高教育质量提供了重要的帮助，有助于将人口负担转化为经济优势。目前世界银行已向孟加拉国提供 6.9 亿美元官

---

① 数据来源于国际开发协会网站。

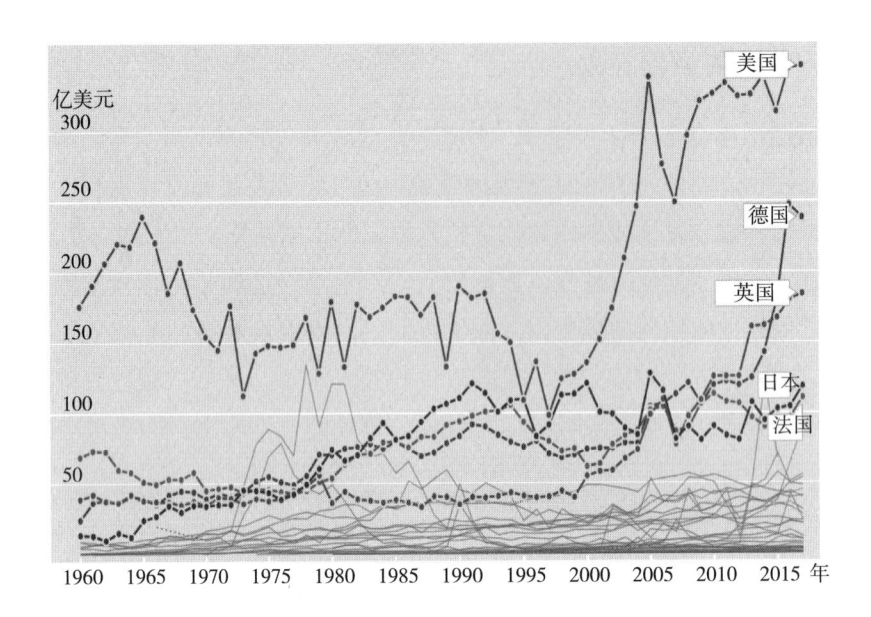

资料来源：经济合作与发展组织（OECD）。

图3.1　主要发达国家的官方发展援助（1960–2015年）

发展援助，用于支持14个教育项目，包括兴建学校、培训教师、改进教科书、提高女童入学率等。在孟加拉国，包括女童在内的小学入学率现已接近100%，中学入学率也大幅提高。

在双边援助层面，日本从20世纪50年代开始实施官方发展援助。日本1954年加入了为援助南亚、东南亚和太平洋地区各国的国际机制——科伦坡计划（Colombo Plan），发挥了官方发展援助针对性强的特点，将官方发展援助和第二次世界大战赔款相联系，引导资金流向缅甸、马来西亚、菲律宾等国家。日本外务省是官方发展援助的主管部门，制定了"国别援助政策""分部门援助政策"以及"发展合作优先领域"等原则性指引，有针对性地开展对外援助。日本国际协力机构和日本国际协力银行是官方发展援助的主要执行机构，分别提供无偿援助和减让贷款。目前，日本提供的官方发展援助资金额在OECD国家中位于第4位，援助与GDP比例在OECD国家中位于第19位。日本的官方发展援助在外交和经济上起到一定的作用，使日本在第二次世界大战后重新融入了国际社会，也使受援国成为了日资企业重要的产品市场和投资目的地。值得注意的是,日本在提供官方发展援助时也常常附带条件,利用援助向其他国家施加压力。

尽管存在以上优势,官方发展援助也存在一些局限。官方对外援助依赖财政资金,规模有限。2008年国际金融危机爆发后,不少发达国家政府收入下滑,财政压力增加,对外援助因此减少。官方发展援助还往往受限于政治因素。部分国家在提供援助时附带条件,在意识形态、价值观和发展模式领域向受援国施加影响。此外,官方发展援助可能引发腐败和道德风险,在使用官方对外援助资金时应特别注意效率问题(周小川,2017)。赞比亚裔经济学家Dambisa Moyo在其成名作《援助的死亡》[1]中写道:"尽管非洲在过去几十年来接受了总额超过1万亿美元的官方发展援助,但援助没有改变非洲的落后现状,还造成了依赖援助、助长腐败等乱象,也导致非洲国家的政府治理长期未能得到改善"。因此,援助资金要注重效益,不盲目、随意投放资金,要投入到真正所需的领域去。若资金无效使用,还可能在投资国引发道德风险和过度依赖等问题,不仅不能支持发展中国家的经济增长,反而可能挤压商业性金融空间,破坏市场规则,最终阻碍发展中国家的发展。

二、以出口信贷为代表的政策性金融

政策性金融往往依赖财政支持,出口信贷是重要的一类。出口信贷(export credit)是为外国购买者进口本国商品或服务提供的贷款、保险或担保等。[2] 广义的出口信贷可根据是否依赖财政补贴分为商业性出口信贷和政策性出口信贷。狭义的出口信贷仅指政策性出口信贷或官方支持型出口信贷,如未明确指出,本书中的出口信贷业务主要指政策性出口信贷。根据对象的不同,出口信贷还可分为卖方信贷和买方信贷。卖方信贷指出口国银行向出口商提供信贷,买方信贷指出口国银行向进口商或进口国银行提供的信贷。

出口信用保险(简称出口信保)是出口信贷的一种形式。出口信保可

---

[1] 进入2009年《纽约时报》畅销书排行榜。
[2] 该定义由笔者根据OECD和世贸组织对出口信贷的解释所撰写。

以由政策性或商业性机构提供，承保风险类别一般包括商业风险和政治风险（见表3.1）。出口信保机构对本国出口商（主要是在出口卖方信贷模式下）或金融机构（主要是在出口买方信贷模式下）提供保险产品，当国外债务人由于商业性或政治性原因不能按期付款时，由该出口信保机构按承保金额给予相应补偿。

表 3.1 出口信保的承保风险类型

商业风险	买方拒绝接受货物。
	买方拖欠货款。
	开证行破产、停业或被接管。
	债务人拖欠商务合同或贷款协议项下应付款项。
	债务人破产或无力偿付债务。
政治风险	买方或开证行所在国家、地区禁止或限制买方或开证行向被保险人支付货款或信用证款项。
	禁止买方购买的货物进口或撤销已发给买方的进口许可证。
	所在地政府或还款必经的第三国（或地区）政府禁止或限制债务人以约定货币或其他可自由兑换货币偿还债务。
	所在地政府或还款必经的第三国（或地区）政府颁布延期付款令，致使债务人无法还款。

资料来源：笔者根据OECD、中国出口信用保险公司网站内容整理。

出口信贷具有促进国际贸易和提高对外投资积极性的作用。对出口国而言，出口信贷有助于增强本国产品在国际市场上的竞争力，扩大本国产品的出口及资本的输出。对于进口国而言，出口信贷缓解了进口所面临的资金短缺问题，可推动该国大型项目建设，有助于促进经济增长。

但出口信贷也存在一些局限。出口信贷需财政给予补贴或支持，对出口信贷提供方的财政造成一定负担，给可持续经营带来挑战。从出口信贷的接受方而言，出口信贷的各种优惠主要根据出口商的需要设计，有时未能充分考虑接受方的实际情况。如果盲目使用出口信贷，不考虑项目实际价值，易造成效益低下，还有可能引发接受方的还债困难。

英国出口融资部是英国的官方出口信贷机构，2017年被《欧洲货币》杂志评为全球"最佳出口信贷机构"。在对其他国家提供融资支持的同时，

第三章 "一带一路"投融资合作可参考的主要模式和国际经验

对促进英国出口发挥了重要作用。英国出口融资部原名出口信贷担保局，始建于1919年，主要职责是为英国出口及海外投资提供担保、保险和再保险，帮助英国中小企业获取海外订单。根据《2017-2018年英国出口融资部年报》，2017-2018年英国出口融资部共提供了25亿英镑的融资支持，自2011年以来已为英国企业促成了41亿英镑的出口订单。尽管出口融资部属于公共机构，但主管部门无权干涉其商业决策。出口融资部大部分时间能实现收支平衡，资金不足时财政会予以支持，资金盈余则返还英国政府。2017-2018年，出口融资部实现盈利500万英镑。

美国进出口银行的运作在美国国内争议较大。美国进出口银行成立于1934年，其主要职责是提供商业渠道无法提供，或因风险太大而不愿提供的信贷支持，目的是增强美国产品和服务的国际竞争力，促进出口和就业。由于该机构并未完全按照市场化模式运营，曾处于亏损状态，在美国国内存在较大争议。反对者认为进出口银行低成本资金的流向缺乏透明度，存在利益输送（例如许多资金流向了与波音公司相关联的企业），且依赖政府补贴，无法可持续经营，因此呼吁将其关停。由于经营模式受到美国国内多方批评，美国进出口银行从2014年开始停止部分业务运作。

第三节 开发性金融

开发性金融指服务国家战略、依托信用支持、不靠政府补贴、市场运作、自主经营、注重长期投资、保本微利、财务上有可持续性的资金融通活动[①]。从机构角度而言，开发性金融机构可分为国际性（多边）开发金融机构和国家性开发金融机构。前者包含全球性的和区域性的开发金融机构，后者包含全国性的和地方性的开发金融机构。

开发性金融的基本内涵包括以下方面。一是以服务公共利益为宗旨，不以追求商业利益为首要目标，致力于缓解经济社会发展的瓶颈制约，努

---

① 该定义来源于中国人民银行原行长周小川2017年5月14日在"一带一路"国际合作高峰论坛"促进资金融通"平行主题会议上的发言。

力实现公共利益与自身发展的有机统一。二是通过市场化发债把商业银行储蓄资金和社会零散资金转化为集中长期大额资金，支持经济社会建设。政府对开发性金融的支持表现为增信，融资成本与商业机构相比较低。开发性金融不吸收储蓄存款，无国家财政支持。三是以市场运作为基本模式，发挥政府与市场之间的桥梁纽带作用，规划先行，主动建设市场、信用、制度，促进项目的商业可持续运作。四是以保本微利为经营原则，不追求机构利益最大化，严格管控风险，兼顾一定的收益目标，实现整体财务平衡。五是以中长期投融资为载体，发挥专业优势，支持重大项目建设，避免期限错配风险，同时发挥中长期资金的引领带动作用，引导私人部门资金共同支持项目发展。

开发性金融在实现政府发展目标、弥补市场失灵、提供公共产品、提高社会资源配置效率、熨平经济周期性波动等方面具有独特优势。具有市场化运作、财务可持续和注重中长期投资等优势的开发性金融可在对外投融资中发挥重要作用。此外，多边开发性金融机构还可利用积累的专业技能和经验向发展中国家提供技术支持，加强发展中国家的能力建设。

一、多边开发性金融机构

世界银行、泛美开发银行、亚洲开发银行、伊斯兰开发银行、欧洲复兴开发银行、非洲开发银行是较为典型的多边开发性金融机构。

世界银行下属的国际复兴开发银行（IBRD）是全球最大的多边开发银行。国际复兴开发银行自1946年成立以来向发展中国家提供了超过5000亿美元的贷款和担保，其中绝大部分资金来自金融市场融资，各国股东仅实缴资本140亿美元。国际复兴开发银行自1959年以来一直保持AAA级评级，能够低成本融资，并因此以优惠条件向中低收入国家提供资金支持。这种开发性金融模式可提高融资的可持续性，并对私人融资起到补充或带动作用。在提供资金支持外，国际复兴开发银行还向发展中国家提供技术援助和咨询服务。为帮助发展中国家建立高效和负责的公共部门，国际复兴开发银行利用其发展过程中积累的经验，可直接向发展中国家提供立法、公共管理等领域的技术援助。针对某一具体项目，世界银行还可利用其多边机构的特质和国际影响力扮演协调者角色，在各国政府、金融机构、公民团体之间促进信息共享，还可与其他机构联合融资，加强统筹协调，发挥合力。

泛美开发银行（IDB）是世界上历史最久、规模最大的地区性政府间开发金融机构。泛美开发银行成立于1959年，其宗旨是促进拉丁美洲及加勒比地区经济和社会发展。泛美开发银行通过提供贷款促进拉丁美洲地区的经济发展、帮助成员国发展贸易，并向相关国家提供技术合作。泛美开发银行的一般性贷款年息通常为8%左右，期限为10~25年；优惠性贷款年息通常为1%~4%，期限为20~40年。20世纪六七十年代，泛美开发银行主要为卫生和教育等公共项目提供资金，90年代起逐渐加大对私营企业的贷款规模。截至2017年底，泛美开发银行累计批准了超过2720亿美元的贷款和担保，为促进拉丁美洲经济社会发展发挥了重要作用。

二、国家性开发性金融机构

德国复兴信贷银行、英国绿色投资银行、日本国际协力银行、韩国开发银行等是较为典型的国家性开发性金融机构。

德国复兴信贷银行（KFW）是一个运作较为良好的案例。德国复兴信贷银行的主要资金来源是市场发债，于1985年开始尝试使用国际信用评级，将资本市场发债的融资方式机制化。此后发债融资比率不断提升，到20世纪80年代末，发债融资占融资总规模的80%，截至2017年12月，发债融资占融资总规模的90%以上。德国复兴信贷银行所发行的债券品种多、币种广、国际化程度高，在国际资本市场上颇受欢迎，主要原因是德国政府给予了其债券与国债类似的信用评级支持。而且相较于德国国债，德国复兴信贷银行债券的收益率稍高，成为一种安全性和回报率相对不错的投资选择。在业务类别方面，德国复兴信贷银行业务有无偿援助、优惠贷款和促进性贷款等类别。其中促进性贷款属于开发性金融的范畴，在各类业务中规模最大。相较其他业务类别，促进性贷款更注重资金效益，利率接近但略低于市场利率，针对基础设施等大型项目提供融资，资金接受方政府提供主权担保。在项目选择方面，德国政府为投资方向提供政策引导，帮助德国复兴信贷银行选择重点扶持的产业与重点支持的国家。

加拿大商业开发银行（BDC）是一家以服务中小企业为宗旨的国家开发银行。加拿大商业开发银行的历史可追溯至1944年成立的工业开发银行，1975年改组成为联邦商业开发银行，1995年变更为现名，目前已有超过70年的历史。加拿大商业开发银行由加拿大联邦政府100%持股，但独立经营，并具有较好的财务可持续性，自1998年以来保持盈利，2017财年实现净利润4.7亿加拿大元。加拿大商业开发银行主要通过提供融资和咨询等方式服务加拿大的中小企业，旨在帮助中小企业提升其竞争力和盈利水平，实现可持续经营。2017年，加拿大商业开发银行服务了约49000家中小企业，提供了共计290亿加拿大元的融资，其中超过10亿加拿大元投入到约700家高新技术企业，0.5亿加拿大元投入女性创办的企业，有力促进了加拿大中小企业的发展。

第四节　政府和社会资本合作

政府和社会资本合作（Public－Private Partnership，PPP）是公共部门与私人部门在基础设施和公共服务领域建立的一种长期合作关系。通常模式是由社会资本承担设计、建设、运营、维护基础设施的大部分工作，并通过"使用者付费"和必要的"政府付费"获得合理投资回报；政府部门负责基础设施与公共服务的价格和质量监管，以保证公共利益最大化[1]。

根据私人部门参与程度的不同，世界银行将PPP分为服务外包、运营和管理外包、租赁、特许经营、建设—运营—转让（BOT）等模式（见表3.2）。联合国则仅将特许经营、建设—运营—转让（BOT）和建设－拥有－运营（BOO）归为PPP范畴。

---

[1] 参见财政部《关于推广运用政府和社会资本合作模式有关问题的通知》（财金〔2014〕76号）。

第三章 "一带一路"投融资合作可参考的主要模式和国际经验

表3.2 PPP主要模式

模式	介绍
服务外包	公共部门将项目中某一具体的非核心任务外包给私人部门。合同期限一般为1~2年。
运营和管理外包	私人部门负责项目的运营和维护,公共部门拥有所有权、承担商业风险。合同期限一般为3~5年。
租赁	私人部门负责项目的运营和维护,公共部门拥有所有权,私人部门和公共部门共同承担商业风险。合同期限一般为8~15年。
特许经营	私人部门负责项目的运营和维护,并承担商业风险,公共部门拥有所有权。合同期限一般为25~30年。
建设－运营－转让（BOT）	私人部门负责项目的建设,并在一段时期内负责运营,到期后将运营权移交给公共部门,公共部门拥有所有权。合同期限一般为25~30年。
建设－拥有－运营（BOO）	私人部门负责项目的建设和运营,与公共部门共同拥有所有权。合同期限一般为25~30年。
剥离（Divesture）	私人部门负责项目的建设和运营,拥有所有权或与公共部门共同拥有所有权。一般为永久合同。

PPP模式具有多重优势。一是PPP模式有助于增加基础设施项目的资金来源。在PPP模式下,私人部门承担部分或全部的融资责任,可缓解公共部门的财政压力,或使公共部门有能力实施更大规模的基础设施建设。二是PPP模式可调动私人部门优势,实现更高的效率。私人部门拥有较高的市场敏感度,在项目建设和运营上拥有丰富的经验,这些条件有助于项目降低成本,缩短工期。三是PPP模式有助于改善公共服务质量。私人部门可充分发挥技术、资金和经验优势,公共部门可使用绩效考核机制发挥督促作用,此外公共服务质量的提高在很多情况下也有助于提高私人部门在该项目上的收益,因此PPP模式下的公共服务质量往往较高。

但PPP模式也有不足。一是PPP模式可能会引发财政风险。如果在PPP模式中政府对风险认识不足,风险分担机制不合理,滥用担保等财政承诺,一旦项目失败或未取得预期收益,政府则可能承担兜底责任,引发财政风险。二是PPP模式结构复杂。PPP模式通常需要多个参与者通力合作,若各方协调不畅,可能拖累项目进展和效率。三是PPP模式或导致项目成本增加。PPP模式下每个参与者都可能在咨询、会计和法律等方面产生支出，造成较高交易成本。与公共部门相比，私人部门信用水平认可度较低，融资成本较高。

英国是世界上较早开展 PPP 的国家之一，在法治化、标准化、管理体系上积累了丰富的经验。1972 年，港英政府通过 BOT 方式建设红磡隧道，成为英国最早的 PPP 实践。20 世纪 90 年代以来，英国政府开始大力推进私人融资计划（Private Finance Innitiave，PFI），成为英国最典型的 PPP 模式，使英国在 PPP 领域积累了丰富的经验。

一是英国具有完善的法律保障。英国虽然没有专门针对 PPP 立法，但有《公共合同法》《公用事业单位合同法》《政府采购法》等通用法律来规范 PPP 行为。有关部门还出台了《绿皮书：政策评审、项目规划与评估论证手册》《资金的价值评价方法》《PFI/PPP 采购和合同管理指引》《关于公司协作的新指引：公共部门参股第二代私人融资（PF2）项目的条款磋商》《PFI/PPP 金融指引》等规范性文件。总体来说，英国现有法律已清晰地界定了 PPP 的概念，规范了 PPP 模式的操作流程，明确了争议解决方法。

二是英国 PPP 模式具有标准化优势。为在类似项目上保持定价及条款的一致性，减少谈判时间和成本，英国财政部颁布了《标准化 PFI 合同》，明确了公共部门及私营部门风险分担的标准模式、原则、主要合同条款。此后，英国财政部在 PFI 经验和教训的基础上颁布了《标准化 PF2 合同》，进一步完善内容，推出了标准服务产品模板、格式化的付款机制以及 PPP 股东协议等。

三是英国具有清晰和健全的 PPP 管理体系。英国基础设施局（IUK）处于英国 PPP 管理的核心地位，负责 PPP 政策的顶层设计和项目审批，也提供技术支持、业务咨询等服务。英国国家审计署负责 PPP 项目的事前、事中、事后审计，保障项目运作依法合规。英国相关部门制定了清晰的管理流程，包括需求分析、项目选择、项目准备、项目预审、项目审批、财务结算、合同管理等环节，环环相扣，层层监管，确保 PPP 项目依法合规运作。

在完善的法律保障、标准化的项目安排、健全的管理体系等条件支持下，英国的 PPP 模式发展迅速，其经验值得"一带一路"投融资合作所借鉴。

第三章 "一带一路"投融资合作可参考的主要模式和国际经验

总之，资金融通是"一带一路"建设的重要支撑，商业性金融、官方发展援助、政策性金融、开发性金融、PPP等多种融资模式各有特点，在构建"一带一路"对外投融资框架时，应充分利用各种投融资模式，根据不同项目具体情况提供合适的金融服务，满足不同的资金需求，支持"一带一路"建设。

第四章

"一带一路"投融资合作的理念与原则

"一带一路"建设所需资金量庞大,沿线国家发展潜力与投资风险并存。从本章开始,我们将在总结当前我国与"一带一路"沿线国家投融资合作现状,以及梳理各类对外投融资合作模式的基础上,尝试搭建"一带一路"对外投融资合作的框架。本章首先总结提出"一带一路"投融资合作的理念和原则,后续章节将围绕这些理念与原则继续深入探讨。

第一节 共商、共建、共享,充分动员多方力量

"一带一路"沿线大多是发展中国家和新兴市场经济体,其经济建设和社会发展的资金需求量非常庞大。我们在第一章中曾测算,主要"一带一路"沿线国家基础设施投资年均需求在1万亿美元左右,如此庞大的资金需求绝非某一个国家能独立负担的。因此,做好对外投融资合作的关键之一就是"合作",即广泛动员多方力量、充分调动各方资源,进而有效地利用全球资金,更好地满足"一带一路"沿线国家资金需求,降低投融资风险。

充分动员多方力量能带来诸多好处。一方面,由于"一带一路"建设项目往往具有建设周期长、投融资规模庞大、投资回收慢等特点,一旦投融资跟不上,项目进展和经济效益将受到严重影响。通过充分调动沿线国家等多方资源,可以更好地为项目提供多渠道、中长期、可持续的资金保障。另一方面,作为使用资金方,只有承担了资金成本,才会认真考虑如何将资金投入到市场所需要的领域,才可能产生效益。引入东道国和第三方国家资金不仅可以提高资金使用效率、有效分散项目风险,还有利于在

技术等层面上实现优势互补，让各方充分参与其中、共享发展成果。

开展对外投融资合作可动员多方力量。一方面，要动员除我国以外的其他国家力量。另一方面，要动员除政府以外的市场力量。

其一，可动员项目所在国力量，进一步实现与东道国利益共享、风险共担，可以与东道国金融机构开展投融资合作、动员当地投资方使用一定比例的自有资本金进行投资等。其二，对于资金需求量较大的项目，除东道国力量外，还可联合其他国家，包括发达经济体的金融机构，并采取银团贷款等多种合作方式。这不仅可以确保为项目提供大额、长期、稳定的资金支持，还可借鉴发达国家金融机构的有益经验，提升金融服务质量。

在动员市场力量方面，一些重要角色的作用不容忽视。一个是国际金融中心。国际金融中心是连接全球机构投资者的重要国际投融资平台，具备数量庞大的资金、较为成熟的资本市场，在满足"一带一路"投融资方面潜力巨大。此外，国际金融中心还聚集着全球主要的金融机构和会计、审计等专业服务机构，可以提供高质量、多样化的金融产品和服务。另一个是多边开发性金融机构，多边开发性金融机构历史悠久经验丰富，在相关区域精耕细作多年，在其业务涵盖的地区和领域往往具有明显优势，在风险控制方面也有较多的经验。可考虑在投融资方面加强与多边开发性金融机构的合作，如设立联合投资基金、开展跟投业务等。

总之，要在对外投融资合作中广泛动员政府、市场等多方力量，有效形成合力，共同助力"一带一路"建设，共享发展红利。

第二节　坚持市场化原则，明确政府定位

"一带一路"沿线多为发展中国家，在与发展中国家开展投融资合作方面，国际社会有一种观点认为，应更多提供减让式资金支持。减让式资金支持有多种形式，可包括利率、期限、宽限期等各方面条件的减让，包括官方发展援助，也包括优惠性质的出口信贷。

相比于商业资金，减让式贷款条件更为优惠，不可避免地需要财政补贴和政府支持。但一国财力资源毕竟有限，往往难以支持长期、大规模的

"一带一路"倡议与对外投融资合作框架

对外减让式贷款。

此外,还需要注意减让式贷款的使用效率问题。减让式贷款的无效使用可能产生道德风险,资金接受国可能会过度依赖减让式贷款,导致缺乏平衡、互利共赢的合作意识,丧失通过充分挖掘自身资源禀赋等优势来发展经济的动力。因此,若资金无效使用,不仅不能支持发展中国家的经济增长,反而可能最终约束发展中国家的发展,不利于后续合作的开展[①]。而且,国与国之间、国际组织之间在提供资金支持方面也可能存在竞争等。此外,减让式贷款还可能造成市场扭曲,限制资源的有效配置。

自"一带一路"倡议提出起,就是互利共赢的合作倡议,这意味着"一带一路"投融资合作就不能是单向的资金支持,也不能长期依赖以财政补贴为基础的减让式资金,而是需要依靠市场力量,发挥市场在资源配置中的决定性作用,最大限度地使用市场手段调动各种资源,确保投融资的可持续性。只有通过市场化和商业性原则配置资金,投资主体和项目才能真正实现自担风险、自负盈亏、自我约束,进而追求收益与风险之间的平衡,提高金融资源配置效率,实现可持续发展。

同时也应看到,"一带一路"沿线国家市场化水平有待提高,金融体系也欠发达;从行业来看,一些基础设施、能源资源和装备制造业投资周期较长、流动性较低。因此,有时可能会出现"市场失灵"的情况。一些具有公益性质、回报较慢,或者投资周期较长、风险较大的项目,也容易出现私人部门投融资服务"缺位"的现象。此时需要政府发挥"补台"的作用,以官方资金为杠杆撬动各方资金,消除资金供需双方面临的制度约束和信息不对称问题。具体而言,对于不同性质的项目,政府所能发挥的作用也有所不同[②]。

对于盈利前景清晰、投资风险相对可控的商业化项目,应充分尊重市场规律,交由私人部门通过商业化运作的方式进行投资。相较于公共部门,私人部门具有市场洞察力敏锐、风险评估能力强、投资效率和灵活性较高等优势。

---

① 周小川. 共商共建"一带一路"投融资合作体系[J]. 中国金融,2017(9).
② 参见《2017·径山报告》分报告——《构建中国对外投融资合作框架》。

对于盈利性相对较好，但由于政策环境、监管安排等方面有一定信息或政策缺陷，导致私人部门投资存在一定程度风险的项目，政府可通过着力改善投资环境、减少制度障碍、降低信息不对称程度等方式，为私人部门开展投资创造便利。具体来说，在降低信息不对称程度方面，政府可定期收集并通过公开渠道公布与项目有关的信息和资讯，也可为资金供需双方搭建相应交流平台，解决双方在投融资过程中的各类问题和担忧；在减少政策障碍方面，政府可通过加强与东道国监管当局的交流合作，最大限度地为私人部门投资创造便利。

对于资金需求量巨大、投资风险性较高的项目，虽然这类项目可能会产生较大的社会效益，但由于经济回报可能不高，私人部门往往无力也不愿独自承担，这时就需要政府的补充和支持。一方面，政府可充分发挥公共资金和优惠资金的杠杆作用，广泛吸引境内外金融机构和国际开发机构共同参与，保障项目的资金需求。另一方面，政府还可以通过引入适当的风险分担机制和合适的金融工具，如为项目提供增信、担保服务等，适当降低投资风险，提高这类项目的经济效益。

总而言之，要在对外投融资合作中理顺政府与市场间的关系，加强政府和市场的分工协作。发挥市场在资源配置中的决定性作用，政府资金在必要时可用于撬动各方资源，坚持以企业为主体，市场化运作，保证投融资的可持续性。

第三节　更多使用本币，发挥本币在"一带一路"建设中的作用

目前，"一带一路"沿线国家的投融资，尤其是一些重大基础设施项目的投融资，大多以美元、欧元等国际主要货币为主。事实上，使用本币开展投融资具有许多优势，值得探索推动。[1]

一是使用本币投融资有利于带动各方的更多资金。使用本币开展投融

---

[1] 周小川. 共商共建"一带一路"投融资合作体系 [J]. 中国金融，2017（9）.

资，首先就需要以当地储蓄为基础，这在一定程度上可以起到对当地资金的动员作用。次外，使用当地资金开展投资所产生的良好回报还可以形成一定的示范效应，从而带动更多的外部资金参与其中，拓宽了"一带一路"投融资合作的资金来源，最终实现正向反馈。

二是使用本币投融资有利于降低换汇成本。资金接受国可直接使用资金提供国的本币购买资金提供国的产品，节省换汇成本。随着资金接受国和资金提供国经贸联系越来越密切，资金接受国的本币收入越来越多，未来也可直接使用资金提供国的本币偿还融资债务，再次节省换汇成本。

三是使用本币投融资有利于降低汇率风险。"一带一路"建设项目，特别是基础设施类项目，其收入大多是本币。使用美元等国际主要货币为这些项目融资，可能会存在收入与债务间币种错配的问题。一旦本币汇率承压，就可能会触发汇率风险。相反，在对外投融资中使用本币则会逐渐减少对美元等主要货币的依赖，进而降低汇率波动引发的风险。

四是使用本币投融资有利于维护金融稳定。更多使用本币会逐渐增强对本币的信心，提升本币吸引力，有助于发展以本币计价的资本市场，丰富投资工具和风险管理手段，提高风险吸收能力，维护金融稳定。

在具体实践中，可通过多种渠道积极推动在对外投融资中更多使用本币。一方面，可以直接鼓励使用本币。例如，成立本币投贷基金，为相关企业海外投资并购提供商业化的投资方案和资金支持等。另一方面，也可以不断完善本币使用环境，促进相关贸易和投资的便利化，如加强双边本币合作、大力发展金融基础设施等。近年来，中国在使用本币开展投融资推动"一带一路"建设方面进行了一些有益尝试，我们将在后续章节中更加详尽的介绍。

第四节 在投融资合作中充分保障可持续性

在投融资合作中充分保障可持续性有两层含义：一是保障财务可持续性，具体来说，指投资方既要关注投资项目本身的盈利情况、现金流等因素，又要关注项目业主、投资目的国的外债风险。二是在开展投融资合作时高度重视环境和社会因素，保证绿色可持续性。

一方面，"一带一路"沿线国家的负债能力具有很大的差异，其中一些国家的外债规模和增速均大幅超过国际警戒线，如吉布提、吉尔吉斯斯坦等。在此背景下，开展投融资合作更应注重保障东道国债务可持续性。

为此，可结合东道国具体国情，作出有针对性的安排，通过妥善设计投资方案，保障东道国债务可持续性，最大限度地缓解债务风险，具体措施包括：对于高债务风险国家，可考虑使用优惠程度较高的贷款或不产生债务的直接投资方式；对于中等债务风险国家，贷款的设计应避免进一步加剧债务脆弱性，并增强东道国对冲击的抵御能力。

此外，投资企业还需要关注投资项目的实际情况，对项目进行客观评估，包括项目的未来收益、现金流、风险等，并结合相关评估结果，选择真正能够填补基础设施缺口、可带来较为稳定的预期现金流的项目进行投资，避免陷入"形象工程""面子工程"的怪圈。

另一方面，近年来，国际社会对环境和社会因素越来越重视，也越来越推崇开展负责任的投资，倡导将其纳入投融资决策框架。因此，企业和金融机构在开展投融资合作时，也应高度重视环境和社会因素，树立可持续发展理念。既要依法合规诚信经营，遵守东道国法律法规，保证项目和产品的质量，又要积极承担社会责任，根据实际需要和当地法规，积极为当地创造就业机会。同时，也要尊重当地的文化传统，加强与社会和民众的沟通，完善信息披露。还要注重环境保护，保护当地资源环境，做好环境影响的监测和评估。

此外，从金融角度，还要充分发挥投融资的杠杆作用，大力发展绿色金融，推动对外投融资的"绿色化"，充分满足沿线国家经济、社会可持续发展的需要。

第五节 构建"一带一路"对外投融资合作框架

基于以上四条原则，我们可以大致勾勒出"一带一路"倡议下我国对外投融资合作框架。

从市场和政府关系的角度，要以市场化的融资方式为主，政府资金则主要起撬动私人部门资金的作用。对于可以完全由私人部门通过市场化、商业化方式提供融资的项目，政府资源尽量不要介入。如果存在风险过高或"市场失灵"现象，私人部门无法或不愿提供融资，要优先考虑能否通过出台相应的政策或推动有关改革，降低投资风险，改善市场环境，为私人部门进入提供便利与空间。最后，如果一定要使用政府资金，应主要由其发挥引领作用，撬动和带动私人部门参与。

从投融资提供方的角度，既要加强与东道国和发达国家金融机构合作，通过互利共赢的前景将各国联系在一起，打造利益高度融合的命运共同体，又要充分发挥市场方面的作用，包括深入挖掘并运用好国际金融中心在资金、金融服务人才、法律制度等方面具有的独特优势，重视并加强与多边开发性金融机构间的合作等。

从投融资模式的角度，对外投融资合作主要模式包括商业性金融、官方发展援助、政策性金融、开发性金融等。在开展"一带一路"投融资合作时，要充分发挥上述模式各自的优势，形成多层次、网络化的投融资格局。鉴于开发性金融自身的独特优势及其与"一带一路"建设项目的高契合度，应充分发挥开发性金融作用。同时，在当前债权融资为主的环境下，还要积极发展股权投资。股权投资作为"高能"资金，既可以增强项目和投资企业的资本实力，又可以发挥对贷款等各类债权资金的撬动作用。

从投融资币种的角度，要积极推动使用本币开展投融资，充分发挥其在动员当地储蓄并带动各方资金、降低换汇成本、降低汇率风险及维护金融稳定等方面的优势，促进投融资向更加平稳便捷、风险更为可控的方向迈进，从而更好地满足沿线国家市场需求和经济发展的需要。

从可持续性和风险管控角度，要高度重视可持续性问题，并有效管控"一带一路"沿线国家宏观经济变化等给投融资带来的风险。同时，还要树立可持续发展理念，积极发展绿色金融，引导更多金融资源流向绿色产业，努力提升投融资质量，满足沿线国家经济、社会可持续发展的需要。

综上所述，只有秉持充分动员多方力量、企业为主体、市场化运作、互利共赢，在投融资合作中更多使用本币，充分保障可持续性四项原则，在相关框架下积极开展投融资合作，才能真正做到将"一带一路"倡议蕴含的包容性、联动性、互惠性等核心发展理念落到实处，才能保障"一带一路"建设行稳致远。

第五章

发挥开发性金融在"一带一路"投融资合作中的作用

"一带一路"建设项目普遍具有回收周期长、资金需求规模大等特点，且部分项目的投资风险较高，回报率较低，完全使用商业性或减让式的资金都很难满足沿线国家的融资需求，亟须探索第三条融资道路。开发性金融可凭借连接政府与市场，撬动各方资源的优势，为"一带一路"建设提供长期低成本的资金支持；同时可在不靠政府补贴的情况下保本微利，实现可持续发展；此外还能发挥杠杆作用，对其他类型的资金起到引领作用，是促进"一带一路"资金融通的重要工具。

第一节 解决"一带一路"建设面临的资金瓶颈

"一带一路"沿线国家基础设施建设长期、低成本资金缺口较大。目前，"一带一路"沿线国家大多处于经济起飞阶段，基础设施新建或升级方面的需求旺盛。同时，有些国家财政资金相对紧张，通过资本市场获得可持续、大规模、低成本资金的能力有限，面临较大的长期、低成本资金缺口。

完全商业化的资金很难满足"一带一路"建设需要。"一带一路"建设项目普遍具有社会性和公益性等公共产品属性，所需资金规模大，建设周期长，成本回收速度慢，回报率较低，与商业化资金追求短期最大利润的目标不匹配，导致商业化资金在服务"一带一路"建设中面临诸多局限，具体体现为以下三个方面。一是信息不对称。商业性金融机构基于微观视角，主要关注项目建设的短期经济效益，对于项目的长期、系统性影响和社会效益关注较少；同时，"一带一路"沿线国家信用评估机制不尽

第五章 发挥开发性金融在"一带一路"投融资合作中的作用

完善,项目建设初期信用结构也往往不够明确,外加商业性金融机构获取信息的渠道有限,推高项目的风险评级。二是成本、规模和期限受限。"一带一路"项目往往需要较大规模、覆盖较长周期的低成本资金投入,在项目中后期方能实现稳定盈利。商业性金融机构能够提供的资金体量有限,且资金成本通常超出此类项目的盈利范围,同时部分上市金融机构还需定期公布财报、进行分红,短期盈利压力较大,难以等待长期投资回报。三是具有明显顺周期性特点。从宏观经济周期看,目前全球经济复苏缓慢,贸易摩擦升级,不确定性加剧,商业性机构的决策较经济扩张期更为谨慎。从产业周期看,商业性资金通常选择在产业成长期和成熟期介入,在初创期则倾向于回避,对于"一带一路"涉及的基础设施建设和民生项目而言,初创期恰好是资金缺口最大的时期。上述因素导致商业化资金在"一带一路"建设中参与不足。

减让式资金规模和效果有限。从"一带一路"沿线国家国内角度看,一是减让式资金需要财政收入作为支撑,而"一带一路"沿线以新兴市场经济体和发展中国家为主,建设资金需求增速往往远超过财政收入增速,完全依靠财政资金支持中长期公共融资项目将增加财政负担,可持续性有限。二是对于能够在中长期实现盈利的项目,减让式资金的介入将挤占商业化资金的运作空间,形成不公平竞争,导致资源使用效率低下。三是由于政府对市场的灵敏度和项目运营管理经验往往不及商业机构,尤其在信用缺失、制度不尽完善的时期,更容易出现经营不善甚至破产,造成资源浪费。

从国际角度看,双边援助和多边开发银行提供的减让式资金一直是"一带一路"沿线国家重要的发展融资来源。2018年国际金融危机以来,受主要发达国家受财政压力加大和对外政策变化等因素影响,全球减让式资金大幅减少。在双边层面,距OECD统计,2017年全球官方发展援助总额为1466亿美元,同比下降0.6%,其中最不发达国家获得的援助占比18%,用于难民安置的费用占比10%。OECD发展援助委员会国家官方发展援助总额占国民收入总值的0.31%,低于2016年同期0.32%的水平,与联合国1970年设置的0.7%的目标更是相差甚远。美国特朗普政府奉行

"美国优先"政策,内顾倾向增强,美国政府2018年对外援助预算削减135亿美元,约合32%。英国政府受脱欧和换届等内外因素制约,对外援助战略也变得更为保守谨慎;荷兰政府自2010年起收紧财政支出,对外援助连年下降,2017年降至国民生产总值的0.6%。在多边层面,近年来多边开发银行赠款和软贷款窗口筹资规模下降现象较为普遍。非洲开发银行(非行)软贷款窗口——非洲开发基金(ADF)在2017年结束的第14次捐资中仅筹得60亿美元,较2014年第13次捐资大幅减少20%;同期完成的加勒比开发银行软贷款窗口——特别发展基金(SDF)第9次捐资总规模削减至2.22亿美元,较上轮捐资缩减10.4%。

由此可见,在为"一带一路"提供资金支持方面,商业化和减让性资金各有局限,而开发性金融具备独特优势,恰好可以弥补两者之间的空缺。

开发性金融是对传统政策性金融的深化和发展,介于政策性和商业性金融之间,是服务国家战略、依托信用支持、不靠政府补贴、市场运作、自主经营、注重长期投资、保本微利、财务上有可持续性的金融模式,介于政策性和商业性资金支持之间,但更偏商业性一些[①]。开发性金融可以依托政府信用,通过发行政策性金融债等方式,自行募集长期稳定、成本较低的资金,为项目提供中长期融资支持,并在实现中长期保本微利的同时撬动更多其他类型的资金,共同支持"一带一路"建设。

第二节 实现中长期保本微利可持续发展

开发性金融具有长期性和战略性特征,虽不必追求短期的回报,但也重视项目的商业可行性,寻求在不依靠财政支持的条件下实现中长期可持续发展。

在中长期内,开发性金融在"一带一路"沿线有望实现盈利。从宏观层面看,"一带一路"沿线国家的长期增长潜力较为乐观。沿线国家基本

---

① 周小川. 共商共建"一带一路"投融资合作体系[J]. 中国金融,2017(9).

第五章　发挥开发性金融在"一带一路"投融资合作中的作用

属于发展中国家和新兴市场经济体，根据过去多年统计，此类经济体整体经济增长率一直远超全球平均水平和发达国家水平。因此，通过一定的投资策略，开发性金融长期来看能够分享这些国家经济增长红利，在较长时间内总体上能够获得不错的盈利回报。从微观层面看，设计合理得当的中长期建设项目有望获得经济效益，这也恰好是开发性金融机构的比较优势所在。部分项目由于投资规模大、周期长、不确定因素多等原因，经济效益在运营初期可能不明显或偏低。开发性金融机构可以通过参与规划项目、设计风险分担机制和相关金融工具，有效降低在投资、建设与经营阶段的不确定性，提高后期实现稳定资金回流的可能性，并通过向使用者合理收费获得一定经济回报。

中国的开发性金融机构已探索出一条支持国家战略的可持续发展道路，对"一带一路"建设有一定借鉴意义。国家统计局数据显示，近十年来我国城镇化水平显著提高，从2007年的45%跃升至2017年的59%，催生了公路、铁路、电力、通信、城市公共设施等基础设施建设的巨大需求。由于财政资源相对有限，无法满足上述项目的资金需求，同时此类项目与商业性金融的盈利标准不符，商业性金融通常也不愿涉足，导致资金难觅。例如，国家开发银行凭借国家信用，在债券市场筹集到低成本资金，为上述基建项目提供了支持。经过完善的投后管理和耐心等待，起初商业银行不愿涉足、财政资金无力支持的基建项目从"硬骨头"变成了"香饽饽"，国家开发银行不仅收回了贷款，还分享了中国城镇化进程带来的红利，获得了良好的经济回报。此外，国家开发银行支持的南水北调、老工业区搬迁改造、安居保障工程、"三农"和中小企业专项贷款、助学贷款等项目也都在服务国家政策的同时实现了保本微利。经过二十余年的发展，国家开发银行现已成为全球最大的开发性金融机构。国家开发银行2017年年报显示，截至2017年底，该行总资产15.96万亿元，较5年前的7.4万亿元总资产的水平大幅提升116%。2017年实现净利润1136亿元，截至年底不良资产率为0.7%，已连续51个季度保持在1%以内，基本实现了服务经济社会发展和自身可持续发展的有机统一。

在中国实践中，开发性金融填补了城市化建设资金来源的空白，探索

45

出了一条可持续发展道路,在服务国家战略的同时实现了保本微利。不少"一带一路"国家目前所处的发展阶段或面临的发展需求与中国类似,中国的开发性金融实践可以为沿线国家提供参考,中国的成功经验也可以在沿线国家复制并推广。

第三节　发挥杠杆作用和放大效应

据统计,覆盖亚太地区、以开发性为主的主要国际金融机构的资本金总规模约为 5134 亿美元,即使将上述所有资本金全部用于投资"一带一路"基础设施建设,也还不能弥补一年所需的资金量[①]。鉴于开发性金融机构自有资金十分有限,应避免将其集中投入少数项目,而是要"把钱用在刀刃上",充分发挥开发性金融的杠杆作用和放大效应,撬动其他类型的资金一同参与,这样既能更好地满足"一带一路"建设旺盛的设投资金需求,又可以避免道德风险,充分发挥市场机制作用。具体看来,开发性金融主要可以通过以下方式,在"一带一路"建设中发挥杠杆作用。

一是将有限的开发性金融资金用于股本投资,可以撬动更多其他类型资金参与"一带一路"投融资。部分"一带一路"沿线国家债务风险较高,进一步举债的空间有限。加大股权投资力度既有助于满足当地社会经济发展的合理需求,又可以避免进一步增加沿线国家债务负担,提高融资的可持续性。例如,国家开发银行承办的中非发展基金作为中国首只专注于对非洲投资的股权基金,在发挥股权投资撬动作用方面已作出积极探索。该基金成立于 2007 年,截至 2018 年 9 月,已对非洲 36 个国家决策投资 46 亿美元,以此带动中国企业对非洲投资超过 230 亿美元。2015 年成立的中非产能合作基金已向 11 个项目累计出资超过 12 亿美元,覆盖非洲十余个国家。

二是开发性金融可通过提供担保、增信,或作为劣后级资本,以撬动更多商业性资金。"一带一路"沿线国家多为新兴市场经济体和发展中国

[①]　中国人民银行原副行长殷勇在"中国金融四十人伊春论坛"上的发言。

家，发展潜力与投资风险并存。商业性金融机构出于规避风险的考虑，往往不愿轻易涉足相关地区，对于私人部门项目更是如此。为鼓励商业化资金投资开发性项目，不少开发性金融机构已开展了有益探索，可供"一带一路"建设参考和借鉴。例如，世界银行作为与私人部门合作的先驱，开展了"有管理的联合贷款投资组合计划"，世界银行和瑞典国际开发署通过提供10%的第一损失担保，使贷款组合的风险评级达到投资级别，成功撬动保险公司等风险偏好相对保守的私人资本参与支持发展中国家的基础设施建设。国际金融公司（IFC）设立了"绿色基石债券基金"的倡议，提供3.25亿美元用于承担第一损失担保，成功撬动来自保险公司、养老基金和主权财富基金等机构资金共20亿美元。中国国家融资担保基金于2018年7月成立，财政部、国家开发银行、中国进出口银行分别出资300亿元、20亿元和10亿元，带动主要商业银行参与出资共331亿元。该基金遵循市场化运作、保本微利原则，具有开发性金融属性，主要通过为省级再保险公司提供风险分担和股权资本，推动解决国内小微企业、"三农"和创业创新领域融资难和融资贵问题。据初步测算，该基金到2021年将累计支持45万家小微企业获得贷款5000亿元左右，约占现有全国融资担保业务的1/4。

　　三是采取政府和社会资本合作（PPP）模式可撬动社会资本参与。PPP模式最早兴起于20世纪90年代的欧洲，在公共基础设施，尤其是铁路、公路、地铁等项目建设中发挥着重要作用。部分"一带一路"国家由于政府财力、治理和服务能力有限，难以满足国内旺盛的基础设施新建或升级需求。PPP模式可将私人部门在资金、管理和技术等方面的优势引入基建项目，提高建设效率，同时分担公共部门风险。开发性金融机构作为公共和私人部门间的桥梁，可在促成PPP项目中发挥重要作用，其一是可以为公共部门提供政策咨询，并协助做好前期规划和方案设计，增加后期盈利的可能性；其二是可以增强商业性机构参与的信心和积极性。世界银行私人部门参与基础设施投资数据库（PPI Database）显示，2016年，开发性金融机构在全球PPP项目中的参与率高达21%，较2011-2015年的平均值17%大幅提升，意味着开发性金融在PPP项目中正扮演日益重要的角色。以欧洲复兴开发银行（EBRD）为例，截至2017年底，EBRD共为40个PPP项目提供了18亿欧元资金支持，以此撬动公共和私人部门投资135亿欧元，为借款国交通、市政和环境领域的基础设施建设和升级作出了积极贡献。以国家开发银行为例，为助力东北老工业基地振兴、保障和改善当地民生，该行通过为吉林长春新区城镇化建设PPP项目提供贷款270亿元人民币，成功撬动公共部门和社会资本共约80亿元。

四是开发性金融资金可通过投资基础设施等正外部效应强的项目提供更多公共品，增加沿线国家项目的商业吸引力和可持续性。在运输、供水、电力、电信等基础设施条件良好的地区，生产要素的投入成本和交易成本更低，更容易吸引各类资源流入，提升生产效率和经济效益。世界银行曾在1994年《世界发展报告》中指出，基础设施存量每增加1%，GDP就会随之增加1%。2008年国际金融危机以来，基础设施等战略性项目融资难觅，开发性金融的不可替代性日益凸显，各机构纷纷开始转型。例如，泛美投资公司考虑到拉丁美洲地区基础设施融资缺口较大的现状，2016年起将基础设施建设项目金额占比从30%提升至45%左右；EBRD考虑到中东欧借款国市场经济转型任务即将完成，为发挥更大影响力和附加价值，逐渐将业务地域扩展至北非、中东等地，并加大了对交通、能源、核安全等正外部相应强的项目的支持力度，未来还计划将业务拓展至基础设施融资缺口更大的撒哈拉以南的非洲。截至2017年底，国家开发银行贷款余额的42.68%分布在铁路、公路、电力和公共基础设施建设领域，2013-2017年，分别支持高速公路和高速铁路建设里程1.6万公里和1万公里。

五是开发性金融机构可通过提供技术援助和咨询服务，改善营商环境，提高项目成功率，吸引资金流入。"一带一路"沿线尤其是中东和北非、南亚和撒哈拉以南非洲等地的法治和营商环境不确定性较大，项目风险较高，使许多投资者望而却步。开发性金融机构首先可与当地政府开展政策对话，帮助借款国稳固宏观经济、健全法律制度、营造良好的投资环境，降低投资风险；其次可为项目规划和开展提供咨询，提升项目盈利能力；最后可引导投资者理性看待风险，打消顾虑。以EBRD为例，2015

年，EBRD 成立了中小企业影响力基金（Small Business Impact Fund），通过筹集多方捐资，截至 2017 年底该基金规模已达 2100 万欧元，资金主要用于改善借款国中小企业营商环境，并为中小企业提供技术援助。据 EBRD 统计，该基金每支出 1 美元，可撬动 EBRD 自有资金为中小企业投资 13 美元，并间接撬动其他金融机构参与投资 162 美元。

综上所述，开发性金融可以填补商业化和减让性资金之间的空缺，与"一带一路"建设的需求高度契合，是解决"一带一路"资金融通问题的第三条道路。中国开发性金融的成功实践表明，开发性金融虽不以盈利为目的，但从中长期看，可以在不靠财政支持的情况下实现保本微利和可持续发展。开发性金融资源相对有限，可通过股本投资、用作劣后资本、采取公私合营、投资基础设施、提供担保增信、开展技术援助等方式发挥杠杆作用和放大效应，撬动更多其他类型的资金共同参与"一带一路"建设，满足沿线国家旺盛的社会经济发展需求。在发挥开发性金融作用方面，不少多边开发银行和中国开发性金融机构的成功实践可以为"一带一路"沿线国家提供参考，各方的成功经验也可以在沿线国家复制并推广。

第六章

完善出口信贷国际规则，服务"一带一路"投融资合作

政策性金融是为贯彻和配合国家经济和社会发展政策及意图，依托国家信用，运用信贷等金融手段，在特定领域内从事的融资活动[1]。政策性金融强调政策需要，不太强调盈亏，具有准财政性功能，需财政给予补贴或支持[2]。出口信贷机制将国际贸易与投融资合作相结合，是政策性金融的重要形式，对我国产品、服务、技术和劳务"走出去"具有重要的促进作用，也是我国对外投融资合作中的关键一环。本章将以出口信贷为代表阐述政策性金融在"一带一路"建设中的作用，提出完善出口信贷国际规则的初步思路，以更好地促进"贸易畅通""资金融通"，满足"一带一路"沿线国家的投融资需求。

第一节 中国在出口信贷领域的实践

一、中国的出口信贷机构

出口信贷（export credit）是为外国购买者进口本国商品或服务提供的贷款、保险或担保等。目前我国的出口信贷机构体系主要由中国进出口银行（以下简称进出口银行）和中国出口信用保险公司（以下简称中信保）构成。前者在出口信贷方面的主要产品为贷款，后者主要提供保险和担保

---

[1] 银监会政策性金融运行与监管研究课题组．国外政策性金融机构运行与监管比较研究［J］．金融监管研究，2017（10）．

[2] 曲曦，曲艳丽．政策性金融再定位——专访中国人民银行行长周小川［J］．财经，2015（32）．

等服务。总体上看，我国的出口信贷业务规模不断扩大，由于基本按照"保本微利"原则开展业务，近几年所需财政补贴金额处于下降趋势。

进出口银行于1994年成立，是由国家出资设立，支持中国对外经济贸易投资发展与国际经济合作的国有政策性银行。从1980年到进出口银行成立前，我国的出口信贷业务曾由中国银行办理。进出口银行的出口信贷产品包括"两优"贷款、出口卖方信贷及出口买方信贷等。"两优"贷款是中国援外优惠贷款和优惠出口买方信贷的简称，是中国政府给予发展中国家政府的优惠性资金安排，一般附带捆绑条件。"两优"贷款利率低、期限长，利率较为固定，一般为2%~3%，期限为15~20年，主权级机构（财政部或中央银行）直接担当借款人，或项目由主权级机构担保。此外，援外优惠贷款的记账币种一般为人民币，优惠出口买方信贷的记账币种一般为美元。出口卖方信贷及出口买方信贷的主要作用是促进对外经济贸易发展，重点支持货物、技术和服务等出口，特别是高科技、附加值大的机电产品等资本性货物出口。进出口银行传统上支持的业务所涉及国家与"一带一路"沿线国家具有高度的一致性。

中信保于2011年12月成立，是我国唯一承办政策性出口信保业务的金融机构；资本来源为出口信用保险风险基金，由国家财政预算安排。中信保出口信贷产品主要包括中长期出口信用保险、海外投资保险、短期信用保险及担保等。截至2017年底，中信保累计支持的国内外贸易和投资规模超过3.3万亿美元，为超过11万家企业提供了信用保险及相关服务，累计向企业支付赔款108.4亿美元，累计带动200多家银行为出口企业融资超过2.9万亿元人民币[①]。尤其是在2008年国际金融危机前后，市场恐慌和避险情绪上升，中信保运用其风险分析方面的优势，合理分担和转移风险，缓解了企业"有单不敢接"的难题，发挥了稳定企业经营预期、促进出口订单成交的功能。但随着我国企业"走出去"的步伐不断加快，对出口信用保险的需求不断上升。未来，中国可在发挥好政策性出口信保优势的同时探索丰富出口信用保险的提供渠道。

---

① 数据来源于中国出口信用保险公司网站。

二、中国出口信贷业务为"一带一路"建设提供大力支持

进入21世纪以来,中国的出口信贷业务快速发展。中国的出口信贷业务具有互利互惠的特点。出口信贷带动了跨国贸易,有效支持了企业"走出去",在稳增长、调结构、促出口方面发挥了重要作用。在此过程中,中国的出口信贷也向不少"一带一路"沿线国家提供了有力的资金支持,帮助发展中国家建成了一批社会效益良好的基础设施,成为"南南合作"的成功范例。

(一)政策性金融成为商业性金融的有效补充

在"一带一路"建设中,以出口信贷等为主的政策性金融成为了商业性金融的有益补充。商业性金融在选择投资项目时,往往首要考虑经济利益,而不是社会效益。对于一些具有公益性质、回报较慢,或者投资周期较长、风险较大的项目,尽管其存在较大的正外部性,但由于预期盈利存在不确定性,或者可能短期不盈利、将来有盈利,从而容易出现私人部门投融资服务"缺位"的现象。出口信贷则具有较为明确的政策导向性,可用于短期经济效益不明显、但长远社会经济效益较好的项目。进出口银行的政策性出口信贷业务在带动中国出口和支持企业"走出去"的同时,有力地填补了发展中国家的基础设施缺口,直接提供优惠信贷支持,弥补了商业性金融的缺口,促进了当地的经济发展,增进了各国福祉。中信保的出口信用保险业务则发挥政策性金融的引领作用,撬动商业性资金,间接提供了有力支持。

"一带一路"沿线许多重大项目是在出口信贷的支持下得以成功落地。塔吉克斯坦是联合国认定的最不发达国家之一,人均GDP为1000美元左右。在进出口银行援外优惠贷款的支持下,全长368.2公里的塔乌公路于2012年通车,连接了塔吉克斯坦和乌兹别克斯坦,成为塔吉克斯坦境内最重要的南北向干线公路,途经多个重要城镇,大大增强了其南北地区的人员和货物运输能力,有力促进了当地经济发展。再以马拉博污水处理项目为例,在进出口银行出口信贷的支持下,葛洲坝集团承建了赤道几内亚的马拉博污水处理项目。日均14000立方米城市生活污水经过覆盖全城的污

水管网、5座污水提升泵站汇集至污水处理厂,进行统一集中处理排放,有利于防治水污染,改善城市环境,具有良好的社会效益。中信保也通过提供出口信用保险有效促成了周边国家的重点项目建设。以巴基斯坦煤电一体化项目为例,该项目总投资额19.9亿美元。中信保于2015年为该项目出具中长期出口买方信贷保单,为中方银团贷款分担了风险,使该项目成为"中巴经济走廊"框架协议下第一批全面落实的买方信贷项目。该项目可帮助巴基斯坦利用煤炭等国内资源用于发电,不仅有效缓解了电力缺口,而且有助于改善其国际收支,为巴基斯坦的经济金融稳定与可持续发展打下了基础。

(二) 出口信贷促进中国与"一带一路"沿线国家优势互补

中国在很多方面与"一带一路"沿线国家存在比较优势衔接,经济的互补性、共赢性很强,出口信贷可成为双方优势互补的桥梁。

从中国的角度来看,一方面,中国出口产品种类齐全,性价比和整体竞争力较高。中国实施的工程项目质量不断提高,工程项目承包中包含了设备、材料等出口,这些领域往往也是中国的强项。工程项目成本较低,这一成本优势也与我国劳动力成本低、素质高、组织纪律性强等因素有关。中国本身地域辽阔,地理环境多样,在基础设施建设方面积累了非常丰富的经验,工程施工质量好,效率高。中国对外投资不断增加,已成为世界第二大对外投资国。随着人力成本的上升,部分产业也开始向海外转移。此外,2008年国际金融危机后,国内一些行业产能充裕,需要在海外寻找市场,这也使中国在一些行业和项目上"走出去"的积极性很高。另一方面,在自然资源方面,中国的大多数资源如耕地、水、石油、天然气、金属矿等从人均角度看都比较匮乏,很多需要依赖进口。

从"一带一路"沿线国家的角度来看,一方面,"一带一路"沿线以发展中国家和新兴市场经济体为主,多数国家处于经济建设和社会发展的关键时期,在基础设施和互联互通等方面存在短板。工业基础相对薄弱,基础设施建设和工业化进程中所需要的大型设备装备大多依赖进口。金融部门相对落后,不少沿线国家的储蓄率较低,本国商业银行资金规模有限,国家财政也并不宽裕,导致许多基础设施建设项目普遍存在资金缺口，难以为本国经济和社会发展提供充足的资金支持。在这种情况下，外部融资就显得非常重要，但基建投资周期长、风险大、占用资金多，获得国外的纯商业性资金具有一定难度。另一方面，"一带一路"沿线国家自然资源较为丰富，哈萨克斯坦的铬和铀、泰国的锑、印度尼西亚的锡、土耳其的硼、伊朗和俄罗斯的石油和天然气等资源储量都居于世界前三位。许多沿线国家仍需将资源优势进一步转化为经济优势。

基于双方的特点，中国与其他发展中国家之间可借助出口信贷机制实现互惠互利的经贸关系。我国在资金、产品、技术，特别在基础设施建设方面，存在一定优势。而"一带一路"沿线国家在基金方面存在资金、技术等需求。出口信贷不仅有利于中国产品和服务出口，而且为发展中国家提供了必要的资金，可使其获得所需的机器设备，有利于促进该国重点建设项目和技术改造，实现经济可持续增长。出口信贷机制能够结合中国和其他发展中国家的特点，发挥贸易工具和金融工具的双重功能，形成良性的贸易与投资循环。出口信贷在这个过程中还可以加速资金周转，节约流通费用。总之，由于出口信贷不仅可作为商业性金融的补充和支持，还可以促使中国与其他国家优势互补，在"一带一路"建设中应发挥出口信贷的积极作用。

第二节 出口信贷国际规则的背景、现状及改革建议

"君子协定"是自20世纪70年代以来由少数发达国家协商形成的一系列出口信贷协定。近年来，随着发展中国家和新兴市场经济体出口信贷业务的快速发展，发达国家希望中国等发展中国家遵守"君子协定"。实际上，"君子协定"已无法反映当前出口信贷的国际新格局，并非所谓的最佳实践。我们应以建设性姿态参与出口信贷国际规则的改革与完善，建立一套照顾不同国家国情、符合各国利益的出口信贷新规则[①]，以更好地

[①] 国际上对出口信保和担保等领域出口信贷规则的争论相对较少，本部分的出口信贷主要指贷款。

在"一带一路"建设中发挥出口信贷机制的积极作用。

一、"君子协定"的背景

历史上，发达国家在向发展中国家提供出口信贷时，曾出现某些保护主义性质的做法，包括提供优惠性资金，但要求发展中国家项目必须交给本国厂商等。在此情况下，西方国家开始加强协调以实现所谓正当公平的竞争秩序，出口信贷的"君子协定"由此而来。

伯尔尼联盟（Berne Union）[①] 最早关注出口信贷问题。1953年，该联盟成员同意限制提供出口信贷的条件。如对资本货物提供出口信贷的最长期限为5年，并且要付至少20%的定金。但这些规定的作用逐渐下降，20世纪60年代后仅适用于卖方信贷。

经济合作与发展组织（OECD）自20世纪60年代开始处理出口信贷业务，协调其成员国之间的出口信贷政策。1963年，OECD成立了处理出口信贷事务的永久性工作小组。

20世纪70年代，欧洲、美国和日本出口融资竞争加剧。1973年的石油危机使主要发达国家陷入严重的经济危机，通货膨胀，利率上涨，产品过剩，失业高企。但一些新兴工业化国家经济迅速发展，对资本货物需求旺盛。这导致各发达国家激烈争夺新兴工业化国家的出口订单，对本国出口的支持越来越优惠，补贴越来越多。庞大的补贴开支使各国日益无法负担，但放弃补贴意味着将失去出口机会，并进一步扩大失业和经济衰退。在这种困境中，各国都迫切需要签订一个更正式更广泛的出口信贷协定，客观上加快了在出口信贷领域建立国际协定的进程。

在此背景下，经过多次磋商，OECD于1978年2月制定了《关于官方支持的出口信贷指南的安排》（Agreement on Guidelines for Officially Supported Export Credits），也即目前出口信贷领域所指的"君子协定"，1978年4月

[①] 伯尔尼联盟由法国、意大利、西班牙和英国于1934年创建，全称为国际信用和投资保险人联盟（International Union of Credit and Investment Insurers），由于该联盟总部设在伯尔尼，因此简称伯尔尼联盟。该联盟不仅为出口信用保险和投资保险的国际公认准则而工作，也为成员国信息、经验和技术的交流提供论坛。伯尔尼联盟在世界贸易和投资中扮演着重要角色，为出口和对外投资提供了重要支持，帮助发展中国家解决了基础设施和其他大项目筹资。

1日开始生效。

二、"君子协定"的内容

"君子协定"适用于买方信贷，不涉及卖方信贷，另外"君子协定"也不适用于军用设备和农产品的出口。

"君子协定"将出口信贷分为一般性官方支持出口信贷和捆绑性援助两大类，总的原则是一般性官方支持出口信贷"不能过于优惠"，捆绑性援助则"必须足够优惠"。所谓捆绑，就是接受贷款的国家必须购买贷款提供方的产品和服务，或者必须把相关项目交给贷款提供方来主导，由其承建、管理并运行。对于一般性官方支持出口信贷，"君子协定"核心原则是"不能过于优惠"，主张采用商业化原则提供融资，对利率、期限、预付款比例方面进行严格规定，也不能提出捆绑要求。例如，为限制优惠度，最长还款期规定不能超过10年，预付款比例不能低于15%。对于捆绑性援助，"君子协定"的核心原则是"必须足够优惠"。例如，国别资格方面，只有中低收入国家和低收入国家才有资格获得捆绑性援助。对最低收入的国家，援助成分须达50%以上，对中低收入国家，援助成分不低于35%。

"君子协定"主要针对部分发达国家，目前适用于OECD 9个发达经济体成员（美国、欧盟、日本、加拿大、澳大利亚、新西兰、挪威、韩国和瑞士）。近年来，除发达国家外，中国、巴西、印度等新兴市场国家逐渐成为国际上主要的出口信贷提供方。发达国家不断向中国等新兴市场经济体施压，试图将这些国家的出口信贷业务纳入原有秩序。但"君子协定"存在不少局限性，其作用也存在争议，因此在中国和美国的倡议下，由发达经济体和新兴市场经济体[①]组成的共18个国家于2012年11月组建了"出口信贷国际工作组"，以探讨建立一套新的规则替代"君子协定"。目前18个国家尚未达成共识。

---

① 出口信贷工作组成员包括"君子协定"成员及中国、印度、巴西、俄罗斯、南非、印度尼西亚、以色列、马来西亚、土耳其。

三、出口信贷国际规则的现状和问题

一是严格来讲,当前并不存在被广泛接受和认可的出口信贷国际规则。OECD"君子协定"主要目的是协调发达国家之间的竞争,只是少数发达国家制定的出口信贷规则,目前既不具有国际公约的性质,也没有国际法的约束力,把"君子协定"强加于其他国家不合理。此外,"君子协定"具有协调发达国家对发展中国家进行经济援助的内在属性。但如前文所述,许多新兴市场经济体提供的出口信贷属于平等的"南南合作"范畴,不是发达国家帮助发展中国家的关系,强调的是互惠互利。因此,现有"君子协定"不适合成为国际通用的出口信贷准则。

二是"君子协定"本身不具有强制约束力,但由于其与世贸组织规则相联系,导致许多国家不得不以其作为参照系。世贸组织《补贴与反补贴措施协定》规定,如果出口信贷满足某些国际承诺,将免予遭受反补贴起诉,不会被认定为违反《补贴与反补贴措施协定》。由于"君子协定"是目前国际社会唯一的"国际承诺",因此世贸组织规定使"君子协定"事实上构成了出口信贷补贴方面的"安全港"。在实践中,为避免反补贴调查,一些非OECD成员国在发展出口信贷的过程中不得不把"君子协定"作为参照系。这对于未参加"君子协定"的出口信贷提供方来说不够公平,也不利于满足出口信贷接受方的资金需求。

三是现有出口信贷"君子协定"对信贷设定的类别较少,缺乏灵活性,大大降低了信贷的可选择性,很难满足发展中国家的多样化需求。从非洲、南亚到拉丁美洲国家,各国的贷款需求分布是非常多样而呈现连续分布的。如果将贷款供给划分成很少的几个类别和档次,将无法满足多样化的需求,供需之间就会不匹配,就会出现比较突出的矛盾。而现有的OECD出口信贷"君子协定"对出口买方信贷设定的类别很少。要么是援助性的,援助比例不得低于50%,可以带有捆绑条件;要么是商业性的,不得提供优惠;当然也可以是混合性的,其要求是对中低收入国家援助成分必须高于35%,对最低收入国家必须高于50%。按此标准仅划分了很少的几个档次,以至于大大降低了可选择性,很难满足发展中国家的多样化需求。

四、完善出口信贷国际规则，服务"一带一路"建设

出口信贷在"一带一路"建设中可发挥积极的作用，实现对商业性金融的有效补充及不同国家的优势互补。我们应以更加积极和建设性的态度完善出口信贷国际规则，使出口信贷发挥更大的作用。

一是在出口信贷规则中承认和鼓励"南南合作"。"南南合作"范畴内的互助合作不同于"君子协定"的援助内涵，具有互惠互利的属性，应改革出口信贷规则，并和世贸组织相关规则做好协调，对"南南合作"范畴内的互助合作予以承认和鼓励。同时，认定一笔资金是否构成"南南合作"范畴内的互助合作，主要应遵循差别对待的原则，不应以统一的指标（如优惠度）作为标准，而应综合考虑当时两国的发展水平、相对优势和经济互补性等多种因素。还可考虑发展中国家的需求，对其部分行业予以特殊对待。

二是增强出口信贷的可选择性和灵活性，满足不同国家的多样性需求。例如，可将最长还款期划分出多个不同的档次。可考虑按照世界银行依据人均国民收入对国家的分类，分别确定不同收入水平国家的最长还款期，适当延长中低收入国家，特别是最不发达国家的贷款期限。也可考虑按出口支持行业或产品的不同，确定最长还款期，如对劳动密集、建设周期长、利润水平低的项目，可适当延长还款期。这种安排的灵活性和可选择性较高，更有利于供需匹配，实现互利发展。

三是扩大捆绑性援助的适用范围，实现差异化优惠度。为更好地满足不同发展中国家的互惠合作，考虑扩大可接受捆绑性援助的国别范围和项目范围，将中高收入国家纳入约束性援助国别范畴，并对援助国和受援国政府认可的、技术性可行、具有良好经济或社会效益的项目放开。同时，为满足需求的差异性和连续性，应按收入层次对援助国、受援国和不同行业实行差异化优惠度。例如，对不同发展程度的援助国设置不同水平的援助优惠度要求。对受援国也可以多设置几个档次，允许不同的优惠度水平。

第六章 完善出口信贷国际规则，服务"一带一路"投融资合作

出口信贷可以成为商业性金融的有效补充，使不同国家优势互补，对"一带一路"建设发挥积极作用。我们应致力于以建设性和积极的态度完善现有出口信贷规则，体现发展中国家的诉求。同时，还可借鉴中国在利用出口信贷、促进互惠发展方面取得的经验，探讨新的最佳实践，以实现供给和需求相匹配，照顾不同国家的发展权，促进各国共同发展。

第七章

推进金融机构与金融服务网络化布局，助力"一带一路"合作

金融机构和金融服务网络化布局主要指通过互设金融机构，建立金融服务合作关系，形成互联互通、彼此促进、利益共享的网络化合作格局。这种网络化布局既包括物理上的金融机构互设，又包括在金融机构间形成代理行服务、银团贷款等金融服务的合作网络。本章将从"一带一路"沿线国家间金融机构和金融服务网络化布局的现状和问题入手，阐述推进网络化布局的重要意义，并给出相关政策建议。

第一节 金融机构和金融服务网络化布局的现状

与"一带一路"相关的贸易、投融资合作会产生大量配套的金融服务需求。2017年，我国与"一带一路"沿线国家贸易额高达7.4万亿元人民币，同比增长17.8%，增速高于全国外贸增速3.6个百分点；我国企业对沿线国家非金融类直接投资额为143.6亿美元，占同期总额的12%，较2016年上升了3.5个百分点。这些贸易和投资金额背后不仅有融资支持，而且产生了大量的贸易结算、资金汇兑、出口保险等配套金融服务需求。随着"一带一路"基础设施互联互通的逐渐完善，沿线国家间人流和物流往来会更加频繁，进而拉动劳务合作、对外承包工程、设计咨询、策划开发等服务贸易，又进一步增加了资金汇兑、现金管理等跨境金融服务需求。

同时，近年来我国企业"走出去"形式日趋多样化，包括在境外投资办厂、跨国并购、股权置换、设立海外研发中心、创办工业园区等。从金融服务需求角度，除了融资、支付结算、银行保函等传统金融服务之外，

第七章　推进金融机构与金融服务网络化布局，助力"一带一路"合作

"走出去"企业在并购、股权投资、衍生工具交易、投资咨询等投资银行服务以及账户管理、出口信用和海外投资保险等新型金融服务的需求也日渐上升。

然而，从海外布局数量上看，我国金融机构在"一带一路"沿线国家的布局较为有限，难以有效满足金融服务需求。近年来，我国金融机构不断发展壮大，"走出去"的步伐不断加快，但与汇丰银行、渣打银行等分支机构遍布全球的国际大型银行相比，还有很大的提升空间。截至2017年底，共有10家中资银行在"一带一路"沿线的26个国家设有67家一级机构。同时，中资投资银行的海外机构主要集中在中国香港，在"一带一路"沿线国家近乎空白。此外，"一带一路"沿线国家金融机构目前在中国设立的分支机构也相对较少，截至2017年底，有21个"一带一路"国家和地区的55家银行在中国共设立了7家法人银行、19家外国银行分行和38家代表处，其中大部分是新加坡等发达国家的金融机构。

从提供金融服务的质量看，近年来我国金融机构实力和服务能力日益提升，但与老牌国际同行相比，其在国际化方面的发展时日尚浅，在充分运用国际金融市场、整合国内外金融资源方面仍有进步空间。同时，中资金融机构在合规风控等方面也与一些老牌外资金融机构存在差距，本地化经营方面有待加强。

此外，"一带一路"沿线国家金融市场大多仍处于发展阶段。部分国家的储蓄率低，金融部门能够动员的资金有限。部分国家的银行等金融机构资产规模有限，资产质量也存在风险。部分国家的股票、债券市场尚处于发展初期，国内缺乏长期的机构投资者，支持实体经济的能力十分有限。

当地金融部门有待发展，加上中资金融机构布局有限，导致过去一些"一带一路"沿线国家主要依赖发达国家的金融机构提供服务和资金。但近年来，特别是2008年国际金融危机后，发达国家金融机构自身难保，大幅收缩海外业务，尤其是代理行关系，使"一带一路"沿线国家获得的资金和服务受到影响。同时，发达国家金融机构因其固有的经营理念和母国监管要求，在提供金融服务时有时会有选择性，不愿意为资金需求量巨

大、政治不确定性较高，但可产生较大社会效益的基础设施建设项目提供金融支持。

综上所述，与"一带一路"贸易和投资相关的基础性金融需求不断增大，对我国金融部门提供全面优质的金融服务提出了更高要求。当前，"一带一路"沿线国家间的金融机构和金融服务网络化布局还有待完善，因此，加快推进网络化布局，为"一带一路"建设项目提供稳定的、有保障的金融服务支持势在必行。

专栏1 中资银行海外布局情况

中资银行国际化发展可追溯至20世纪90年代。1994年，国有专业银行开始转型。四大国有专业银行把政策性贷款业务分离出来，开始专门从事商业银行业务。与此同时，三大政策性银行应运而生。1995年，我国颁布实施了《商业银行法》，中资商业银行进入了较为自主的发展阶段，在组织架构、经营体制等方面积极探索、逐步完善，服务国际贸易、开展跨国金融合作等事项也逐步铺开。在这样的环境下，中资银行海外分支机构的布局进入了初创期。

2001年，随着我国加入世贸组织，外资银行的进入给中资银行带来了巨大的竞争压力，但同时也给中资银行在经营和管理上以示范作用，其与中资商业银行的股权合作还能给予中资银行国际化发展的经验。在这样的有利条件下，各中资银行的国际化发展进程明显提速。

2013年秋天，习近平总书记提出"一带一路"倡议，获得了国际社会的支持和响应，形成了广泛的合作共识，为增进沿线国家人民福祉提供了新的发展思路。同时，"一带一路"倡议也为中国和沿线国家的商业银行提供了广阔的市场区域、广泛的客户群体和难得的海外发展机遇。在此背景下，中资银行海外布局，特别是在沿线国家间布局的广度和深度进一步提高。截至2017年末，有23家中资银行在65个国家和地区共设立238家一级机构，覆盖范围遍布亚太、北美和欧洲。

第七章 推进金融机构与金融服务网络化布局，助力"一带一路"合作

> 虽然中资银行在海外布局范围和数量、海外分支机构实力和服务能力等方面与老牌国际大型银行相比仍有差距，但总体来看，近年来中资银行在加快推进海外布局的过程中不断总结经验，提升自身经营管理水平与服务能力，逐步呈现出以下几方面特征。
>
> 一是海外布局方式更加多样化。目前，中资银行海外布局方式均以在当地自主申设分行、子行和代表处为主。部分海外发展步伐较快的中资银行则采取了战略并购、投资入股等方式，同时，在暂不具备机构布局条件的国家和地区设立了中国业务柜台和海外工作组，不断拓宽海外业务的区域覆盖。
>
> 二是海外布局主体更加多元化。一直以来，五大国有商业银行是中国银行业海外布局和国际化发展的主力军，但随着经济金融全球化的不断发展，近年来，越来越多的股份制商业银行加快了海外布局速度。
>
> 三是海外分支机构经营和服务水平有所提高。近年来，中资银行通过大力拓展境外发债、并购、上市顾问服务；加速发展国际结算、内保外贷等中间业务；积极构建本土化的电子银行服务网络等方式，不断探索提高海外分支机构金融产品种类和服务水平。

第二节　推进金融机构和金融服务网络化布局的重要意义

推进金融机构和金融服务网络化布局，充分发挥金融对"一带一路"建设的支持作用，具有以下三方面的重要意义。

一是有助于促进贸易畅通。贸易是促进经济增长的重要支柱。"一带一路"建设中的很多基础设施项目都有助于促进当地贸易发展。但是贸易畅通除了有赖于公路、铁路等交通基础设施，还离不开大量配套的金融服务支持，如资金汇兑、清算结算、账户管理、贸易融资等。金融机构网络布局是否健全，金融服务是否高效完善，都直接影响着贸易的便利程度。因此，加快推进金融机构和金融服务的网络化布局，有助于提高对贸易的

金融服务能力，更好地拉动经济增长。考虑到很多项目的收入和还款能力也往往依赖贸易往来，还有助于产生更多项目使用需求，并提高项目的偿付能力，形成金融和经济相互促进的良性循环，进而盘活整盘"棋局"。

二是可以为对外直接投资提供更好的金融服务。随着"一带一路"建设的推进，我国对沿线国家开展的对外直接投资会越来越多。这些投资会在后期衍生出更多的贸易和项目合作，有效拉动经济增长。同样的，这些投资也会伴随着并购、项目咨询、商业保险等各种类的金融服务需求。加快完善金融机构和金融服务的网络化布局，有利于充分发挥我国金融机构对本国企业更加熟悉的优势，为"一带一路"相关投融资项目提供更好的金融服务，进而通过这种更全面、更高质量的金融服务，吸引带动更多资金参与"一带一路"建设。

三是有利于促进当地金融部门发展，有效动员当地储蓄，更好地实现资金融通和风险共担。"一带一路"沿线发展中国家居多，这些国家在金融服务方面存在短板，金融机构融资效率不高，金融市场欠发达，当地储蓄无法有效聚拢。在这方面，我国经过多年实践，积累了一些符合发展中国家国情的成功经验，如农村信用社、普惠金融等，这些经验可以在"一带一路"沿线国家推广复制。通过互设金融机构、互相借鉴业务经验，可以更好地弥补当地金融服务缺口，促进当地金融部门发展，动员更多当地储蓄参与"一带一路"建设，从而有效发挥合力，实现风险共担。此外，互设金融机构还可以起到桥梁和纽带作用，增进两国金融机构对彼此间市场环境、企业需求等方面的了解，在投融资合作中最大限度地消除信息不对称，更好地服务于"一带一路"建设。

值得注意的是，近年来，在我国的积极推动下，推进金融机构和金融服务网络化布局的重要意义逐渐被各方接受。2017年9月4日，推进金融机构和金融服务网络化布局作为金砖国家领导人厦门会晤的成果之一，被写入了《金砖国家领导人厦门宣言》。金砖各国共同倡议，通过促进金融机构和金融服务网络化布局，为金砖国家金融市场一体化提供便利，同时加强金融监管部门间的交流与合作。

第七章 推进金融机构与金融服务网络化布局，助力"一带一路"合作

第三节 推进金融机构和金融服务网络化布局的政策建议

积极推进金融机构和金融服务网络化布局，有助于发挥"一带一路"沿线国家合力，有效调动各方资源，为"一带一路"建设提供长期、可靠的金融支撑。未来可以从以下几个角度着手推进金融机构和金融服务网络化布局[①]。

一是支持金融机构互设。金融机构是金融服务的载体。在经济全球化和一体化的背景下，金融机构互设不仅能服务于我国企业的海外经营，更好地满足与"一带一路"贸易相关的投融资需求，而且可以为当地引入新的金融服务和产品，有效弥补当地金融服务缺口，还有助于我国金融机构与国际同行间的竞争与交流，实现相互借鉴、相互补充，共同提升金融服务水平。

现阶段，许多中资金融机构在不断发展壮大的同时，将海外业务作为其重点开拓的领域，多数中资银行也有进一步海外布局的计划。相应地，外资金融机构也有进一步开拓中国市场的愿望。在此背景下，金融机构互设具有很好的市场基础。

除金融机构本身的需求和动力外，相关国家监管当局也需要在减少金融机构准入限制等方面主动作为，为推进金融机构互设提供相应便利。一直以来，中国人民银行积极贯彻落实党的十九大报告精神，坚持"引进来"与"走出去"并重，在支持"一带一路"建设的同时，也积极推动金融业对外开放。一方面，加强与各国监管部门的沟通协调及信息交流，消除各种不合理的准入壁垒和限制，推动中资金融机构在他国设点。另一方面，加快对外开放步伐，便利外资金融机构进入我国金融市场。

2018年4月11日，习近平主席在博鳌亚洲论坛上宣布了我国金融业对外开放时间表，具体包括在未来几个月继续放宽银行业外资持股比例限

---

① 周小川. 共商共建"一带一路"投融资合作体系 [J]. 中国金融，2017（9）.

制和设立形式限制、放宽外资银行和合资证券公司业务范围、取消外资保险公司设立前2年代表处要求等。这些对外开放的政策措施，无疑为"一带一路"沿线国家金融机构来华设点提供了便利，也为其在我国经营发展创造了广阔空间。目前，约旦、以色列、阿联酋、伊朗、阿曼等沿线国家的银行均不同程度地表达了在上海设立代表处或将代表处升级为分行的意向。

　　二是做好金融服务对接。在尚未实现互设机构的情况下，"一带一路"沿线国家的银行之间可以通过建立和扩大代理行关系、开展同业合作等方式，建立金融服务网络，为"一带一路"投融资合作提供金融支持。提供代理服务的代理银行与接受代理服务的委托银行按照协议约定，以互惠的方式提供跨境资金转账、资金管理、支票结算、贷款和转贷款、信用证等服务，可以很好地满足各类金融服务需求。在金融服务对接方面，除代理行关系外，银团贷款作为国际金融市场最为重要的融资方式之一，可以实现参与方各金融机构间的利益共享、风险共担，这一点也与资金需求量较大的"一带一路"建设项目契合度较高，具有很大的发展空间。此外，"一带一路"横跨亚欧非多个区域，沿线各国在宏观政策管理、经济发展、金融体系、投资环境等方面往往存在差异，金融服务跨区域对接还有利于在开展投融资合作时更好地对政策风险、市场风险、交易对手风险、汇率风险等进行专业化管理。

　　三是加强资本市场联通。资本市场是债券、股票、各种金融衍生品发行和交易的平台，也是公司完成上市、并购等多形式投行业务的融资平台。推动我国与"一带一路"沿线国家间的资本市场联通，也有助于形成金融机构和金融服务网络化布局，还能撬动更多国际资金，逐渐减少相关建设项目对传统银行贷款的过度依赖，帮助当地形成层次合理、功能互补的金融市场和丰富的产品体系。在这方面，我国积极探索，并取得了一些进展。

　　2014年11月以来，"沪港通""深港通""债券通"相继上线运行，既推进了内地与香港资本市场的互联互通，也拓宽了境内外投资者的投融资渠道。2016年12月，中国金融期货交易所牵头上海证券交易所和深圳

第七章 推进金融机构与金融服务网络化布局，助力"一带一路"合作

证券交易所成功竞购巴基斯坦交易所30%的股权。2017年5月，上海证券交易所与哈萨克斯坦阿斯塔纳国际金融中心管理局签署合作协议，共同投资建设阿斯塔纳国际交易所。2018年5月，上海证券交易所和深圳证券交易所联合收购孟加拉国达卡证券交易所25%的股权。

此外，近年来我国的债券市场开放程度也不断提高。波兰、俄罗斯等越来越多的"一带一路"沿线国家和企业来我国发债，沿线国家投资我国银行间债券市场也越来越便利。国内企业、国际金融机构也通过发行债券，筹集资金用于"一带一路"建设。此外，2017年7月连接内地和香港债券市场的"债券通"上线运行，进一步提升了我国债券市场的互联互通。

四是推动金融基础设施联通。金融基础设施主要包括支付结算体系、法律体系等金融运行的监管规则和制度安排。推动我国与"一带一路"沿线国家间金融基础设施联通既有助于促进金融机构和金融服务网络化布局，又有助于实现两国金融市场间的整体稳定和高效运行，并通过相互借鉴的方式，提升两国金融服务水平。同时，金融基础设施的联通还有助于推动各国在发展理念、监管标准、治理规则等方面协调一致，达到规则的相通。

近年来，我国也在积极推动金融基础设施联通，并取得了一些成效。例如，中国银联作为中国的银行卡清算组织，其跨境使用网络已遍布包括众多"一带一路"沿线国家在内的160多个国家和地区，这不仅为各国的企业和居民提供了优质、安全、高效的支付服务，而且还参与和帮助了各国当地支付体系建设。在金融科技的发展和带动下，各国还可以更有效地推动以互联网和电信支付、手机银行为核心的普惠金融，加强经验交流，为"一带一路"建设提供多渠道、广覆盖的金融服务。

此外，近年来，我国与"一带一路"沿线国家跨境贸易投资中使用人民币的需求不断上升。为此，中国人民银行不断丰富人民币跨境支付结算渠道，加快人民币跨境支付系统（CIPS）建设。2015年10月8日，CIPS正式上线运行。目前，CIPS可以支持跨境人民币贸易、投融资业务、跨境人民币资金池、金融市场业务等的结算，极大地提高了人民币跨境清算效

率，充分满足了各主要时区的人民币业务发展需要，也为"一带一路"相关贸易和投融资使用本币结算提供了便利。

五是加强金融监管当局间的交流与合作。这种交流合作对于营造公平公正、公开透明、可预期的市场环境而言至关重要。通过加强宏观经济形势、金融市场发展情况和趋势、金融监管理念和制度、投资机会和风险、大型银行经营情况等方面的信息交流，各地监管当局可以有效地增进了解和互信。

此外，如前所述，各国金融部门都可能存在一些准入壁垒及限制规定。因此，可以重点在金融市场准入方面加强沟通，深入了解和妥善处理彼此关切，共同消除各种不合理的准入壁垒和限制，提供一个更加开放、公平、有序的金融市场环境。

同时，各方还可以在跨境金融机构处置和危机管理、反洗钱和反恐怖融资、宏观审慎管理等重点领域加强合作，更好地维护区域金融市场信心和金融体系稳定、防控相关风险。

综上所述，加快推进金融机构和金融服务网络化布局，有利于充分发挥金融机构对"一带一路"相关贸易和投融资的支持作用，有利于促进"一带一路"资金融通。在具体政策建议方面，推进网络化布局可从支持金融机构互设、做好金融服务对接、加强资本市场联通、推动金融基础设施联通、加强金融监管当局间的交流与合作五个角度着手。

第八章

多方力量参与，共建"一带一路"

"一带一路"倡议坚持"共商、共建、共享"。从投融资的角度，也就意味着多方力量共同参与，共建"一带一路"。这不仅与"一带一路"倡议的核心精神相符，也有助于形成成本共摊、风险共担、收益共享的良性机制，最大限度地调动各种资源，确保投融资的可持续性。

私人部门或社会资金是对外投融资合作中的重要力量，在"一带一路"建设中应扮演关键角色。调动社会资金参与可考虑采取完善项目前期准备、建立合理风险分担机制、推动相关资产证券化、开展政府和社会资本合作（PPP）等手段。多边开发银行在沿线国家和相关领域耕耘多年，且在撬动市场资源、提供能力建设、协调跨国项目等方面独具优势，不少机构也对共建"一带一路"倡议有较浓厚的兴趣，我国可顺势与其加强合作。一些发达国家和国际金融机构也有意参与倡议建设，可与其开展第三方合作。国际金融中心不仅汇聚了全球的资金，还聚集了来自各国的金融机构和专业人才，可以发挥重要作用。股权类投资因其自身特点，天生在撬动其他形式的资金上具有优势，应充分发挥其作用。最后，要营造公开、公平、透明的投融资环境，为各方参与"一带一路"建设提供保障。

第一节 充分调动社会资金

"一带一路"沿线大多是新兴市场经济体和发展中国家，其经济建设和社会发展的资金需求量庞大，超过了所有相关国家政府和国际机构能提供的资金总和，因此必须发挥私人部门的作用，充分调动社会资金，保障"一带一路"倡议的顺利实施。这既契合"一带一路"倡议"共商、共建、共享"的精神，符合"企业为主体，市场化运作"的原则，也有助于保证投融资合作的可持续性。

私人部门或社会资金应该是支持"一带一路"建设的主要力量。社会资金通常拥有较高的市场敏感度，更加注重投资效率，且对项目回报有一定要求，有助于保障项目的可持续性。目前，社会资金也有愿意参与"一带一路"建设。因此，应重视调动社会资金，使其加入"一带一路"投融资框架中。

在调动私人部门力量方面，参照国际社会已形成的较为完善和全面的一揽子方案，我们可以从以下几个方面入手。

一是完善项目前期准备。基础设施建设项目通常规模较大，一般需要大量资金和时间进行前期准备。项目准备阶段应包括执行前调研、可行性调研、风险管理、收益管理、团队搭建等主要环节。但是项目准备阶段非但没有收益，且大量的投入并不能保证项目可行，形成巨额的沉没成本，成为社会资金不愿发起大型基础设施建设的原因。在此情况下，如能帮助私人部门完善项目准备，如建立专门的项目准备基金等，可为项目的前期投入作出有力保障，增强私人部门投资者信心，从而吸引它们主动参与"一带一路"建设。

例如，欧洲复兴开发银行、亚洲基础设施投资银行（以下简称亚投行）等多边开发银行都设有专门项目准备基金，为成员国筹备主权贷款项目，协助其完成资金申请。2017年初，亚投行项目准备基金向尼泊尔提供100万美元，为价值2.8亿美元的城市基础设施建设计划进行项目前期准备[1]。同年6月，该项目顺利启动。

二是建立合理的风险分担机制。"一带一路"相关的大型基础设施常常因较高的不确定性，导致社会资金望而却步。为此，政府和国际机构一方面可为私人部门的进入营造良好的政策和制度环境，降低风险发生的概率；另一方面也可以建立风险分担机制，向私人部门提供急需的政治风险担保等，在风险出现后尽量降低发生的损失。

例如，世界银行集团的多边投资担保机构（MIGA）在这方面发挥了

---

[1] 数据来自亚投行网站。

重要作用。MIGA 的宗旨是向私人投资者提供政治风险担保，帮助投资者和政府解决可能对投资项目产生不利影响的争端，防止潜在冲突，帮助项目的可持续运行。同时，MIGA 也会对投资项目进行审核，在东道国营造良好投资环境的同时，也保证相关项目能带来正面的经济社会效益。

三是推动相关资产证券化。"一带一路"相关资产的证券化是以倡议项目未来所产生的现金流作为偿付支持，在此基础上发行资产支持证券。这种方式不仅可以拓宽融资渠道，让金融市场的长期机构投资者间接参与到"一带一路"建设中来，而且有利于盘活银行存量资产，释放银行信贷支持能力。但也要注意防范证券化过程中的风险，如信用评级不实、证券化产品机构过于复杂等，认真筛选资产项目，避免引发系统性风险。

目前，国内"一带一路"资产证券化的进程已经启动。2017 年 12 月，中国中铁在上海证券交易所成功发行市场上首单"一带一路"概念的资产证券化项目，发行规模 30 亿美元；2018 年 3 月，金光纸业成功发行 55 亿元人民币的"一带一路"资产支持专项计划产品，以分布在"一带一路"沿线国家子公司的应收账款为基础资产。

四是政府和社会资本合作（PPP）。由于"一带一路"项目大多具有公共物品的属性，采用 PPP 模式十分适宜。PPP 模式的核心在于让政府和企业充分发挥各自优势，从而实现互利互惠。私人部门拥有较高的市场敏感度，且在项目运营上经验丰富，可以提高建设效率。而政府则可以为私人部门提供担保和政策支持，负责项目识别和前期准备，同时承担项目过程中的政治和法律风险。

目前，我国在"一带一路"建设中已有多个 PPP 模式项目运行，如孟加拉国帕亚拉燃煤电站 PPP 项目、柬埔寨甘在水电站 PPP 项目、巴基斯坦卡西姆港燃煤电站 PPP 项目等，不仅为各国政府提供了成功经验，也为私人部门提供了参与"一带一路"建设的信心。

第二节　与多边开发银行开展合作

多边开发银行长期以来是支持发展中国家减贫、发展的重要力量。多

"一带一路"倡议与对外投融资合作框架

边开发银行成立历史悠久，经验丰富，在相关区域精耕细作多年，在其业务涵盖的地区和领域往往具有明显优势，在诸多领域也有较多先进的经验。

在"一带一路"倡议下，不管是设施联通还是贸易畅通项目，都需要大量资金。在此方面，多边开发银行可发挥其独特优势，填补倡议资金需求与实际供给之间的空白。具体而言，多边开发银行的主要优势体现在以下六个方面。一是机构宗旨服务于全球减贫发展，注重承担社会责任；二是不以盈利为目的，不与私人部门争利，而是保本微利，维持机构长期可持续运营；三是注重中长期项目投入，强调长远效益，与"一带一路"项目特点相契合；四是调动市场力量，撬动私人部门资金投资项目，既丰富投资模式，也扩大资金来源；五是在跨国项目上具有明显优势；六是可向东道国提供知识产品，加强能力建设，帮助其完善政策框架、制度设计等。

不难看出，多边开发银行的这些特质与"一带一路"倡议的宗旨十分接近，可以很好地满足"一带一路"需求，连接政府与市场、整合各方资源，在"一带一路"资金融通中发挥重要作用。总体来看，多边开发银行发挥自身优势，积极参与"一带一路"建设，主要有以下几种途径。

一是与商业性机构提供银团贷款，灵活运用国际金融力量。在与商业机构合作的过程中，A/B类银团贷款是最为常见的一种模式。在该模式下，多边开发银行进行项目立项、尽职调查、贷款结构设计、合同谈判等；贷款份额则由多边开发银行和商业机构共同承担，分别称为A类贷款和B类贷款。商业机构的B类贷款可共享多边开发银行的政策保障和豁免。目前，泛美开发银行与国家开发银行、中国工商银行等机构已开展了相关合作。

二是与相关国家或机构成立联合融资基金，撬动市场资金，投入项目建设。仅靠多边开发机构自身的资金远无法满足"一带一路"项目需求，需要积极撬动社会资金。多边开发银行了解当地实际情况和需求，投资项目针对性强并兼顾当地经济和社会发展，以联合融资的形式开展合作，有利于形成优势互补，实现互利共赢。在这一方面，我国与多家多边开发银行进行了具有示范性的合作：如与世界银行旗下的国际金融公司（IFC）成立了联合融资基金，规模30亿美元，与泛美开发银行和非洲开发银行分别设立了20亿美元的联合融资基金、与欧洲复兴开发银行设立2.5亿欧元股权投资基金，总额超过70亿美元（见专栏2）。与多边开发银行间的合作实现了多赢，既为我国企业和金融机构资金带来了合理回报，又能撬动大量外部资金，成为合作范式，还能为项目所在国带来实实在在的好处。

　　三是发挥在跨国项目上的独特优势。随着各国经济社会发展联系日益密切，互联互通不断推进，跨国性的基础设施项目需求不断增加，但各国往往对这类项目缺乏经验，各方利益也可能存在冲突。在这方面，多边开发银行具有独特优势，能扮演不可或缺的角色。其在跨国协调方面经验丰富，与各国政府关系也较为密切，可以很好地发挥资源统筹、利益协调的作用。例如，泛美开发银行主导推动的"两洋隧道"项目，穿越安第斯山脉，连通阿根廷和智利，耗资32亿美元，使阿根廷、巴西等南美腹地国家与太平洋港口连接，从而加快整个拉丁美洲地区一体化进程，并促进拉丁美洲与亚洲的互联互通。

　　四是加强与"一带一路"沿线国家在项目准备、能力建设及技术援助方面的合作。"一带一路"沿线国家不仅基础设施建设较为薄弱，在这方面的经验也相对匮乏，政策框架往往较不健全。多边开发银行与所在区域国家政府有长期深入的合作关系。通过多边渠道进行政策沟通、技术援助不仅更加便捷，也比较符合国际惯例。因此，可以将多边开发银行作为我国与其他国家进行政策沟通的平台。中国人民银行和IMF在2017年"一带一路"高峰论坛期间提出的中国和IMF能力培训中心，目前已顺利启动，旨在邀请权威人士为"一带一路"沿线国家开展培训，分享相关经验。此外，欧洲复兴开发银行、亚投行等多边开发银行都设有专门项目准备基金，为成员国在申请主权贷款项目方面提供必要的指导和帮助。

> **专栏 2　中国与各多边开发银行的联合融资合作**
>
> 2013年1月14日，中国人民银行与泛美开发银行共同成立了规模为20亿美元的"中国对拉丁美洲和加勒比地区联合融资基金"（China Co-financing Fund for Latin American and the Caribbean）。截至2018年4月初，基金累计批准53个项目，惠及巴西、阿根廷、墨西哥、巴拿马、智利、乌拉圭等17个拉丁美洲和加勒比地区国家，承诺出资12.9亿美元，涉及金融、交通运输、能源、港口、供水卫生等多个行业。
>
> 2014年5月，中国人民银行与非洲开发银行建立联合融资基金——非洲共同增长基金（Africa Growing Together Fund，AGTF），总规模20亿美元。截至2018年5月，AGTF累计跟投11个主权担保项目，涉及交通运输、供水卫生和农业等行业，覆盖赞比亚、坦桑尼亚、突尼斯和埃及等国。
>
> 2016年9月，欧洲复兴开发银行管理的股权参与基金正式成立。在首轮3.5亿欧元的融资中，我国参与出资2.5亿欧元外汇储备，双方将共同为欧洲复兴开发银行业务国提供长期股权投资。该基金按一定比例自动跟投符合条件的欧洲复兴开发银行股权投资项目。截至2018年5月，累计投资项目10个，共计5806万欧元，覆盖波兰、土耳其、罗马尼亚、保加利亚、黎巴嫩等国，涉及金融、通信、自然资源、生物科技等行业。

"一带一路"建设任务艰巨，需要各方力量的广泛参与。多边开发银行在跨国合作、基础建设方面具有丰富经验和独特优势，且在对东道国的熟悉程度、投资环境的了解程度及与政府的沟通能力等方面具备得天独厚的优势，可以起到有效降低相关项目建设风险的作用。积极与多边开发银行开展合作，可以为"一带一路"投融资提供有力支持，助推"一带一路"建设。

第三节　探索开展第三方合作

第三方合作是一个较为宽泛的概念，在"一带一路"倡议下，意味着中国与发达国家或国际组织在沿线国家开展合作，共同为沿线国家经济发展注入新动能，实现"1+1+1>3"的共赢效果。从投融资角度来看，意味着我国金融机构与发达国家金融机构或国际组织共同为沿线国家的"一带一路"项目提供投融资。与多边开发银行等国际组织的合作也属于第三方合作的范畴，已在上一节详细阐述，本节主要讨论与发达国家在投融资方面的第三方合作。

探索这种第三方合作对"一带一路"建设具有积极意义。一方面，开展第三方合作是一个优势互补的过程。许多发达国家的金融机构在沿线国家已耕耘多年，在当地布局较为完善，与当地企业联系密切。"一带一路"倡议为当地发展带来了巨大机遇和大量项目。这些老牌金融机构也希望把握机遇，有意愿与中资金融机构在"一带一路"倡议下开展合作。另一方面，中国金融机构也有优势，如更熟悉人民币业务、与中资企业合作密切等。两者在第三国开展合作，有助于优势互补，实现各自业务增长，也能使项目东道国受益，支持当地建设。此外，开展第三方合作契合共商、共建、共享的"一带一路"倡议理念。"一带一路"是一个包容开放的倡议，一直欢迎各方参与，包括发达国家等力量加入。加强第三方合作，契合"一带一路"倡议共商、共建、共享之意，可以进一步拓展倡议惠及范围，对共建人类命运共同体具有重大意义。

为此，在投融资方面，开展第三方合作有以下几种方式。

一是可以在单个项目层面上开展第三方投融资合作。事实上，目前许多发达国家金融机构已经在与中资金融机构进行了第三方合作。例如国家开发银行与日本三菱日联银行等多家外资金融机构在东盟国家合作已久，积极探讨第三方合作的新机遇，支持地区互联互通建设。这种类似中外协同的成功经验并非个例，正在"一带一路"倡议中不断开花结果。

二是设立联合融资安排，形成机制化第三方合作方式。目前，中国已与法国、加拿大、日本、新加坡等国家和国际组织正式签署了第三方合作的相关文件，同时也与有关国家推动设立了第三方合作的基金。例如，丝路基金和中国投资有限责任公司分别与欧洲伙伴建立了相关机制，以股权、债权等多种方式，为项目合作以及共同投资第三方市场项目提供融资支撑。与单个项目相比，这种做法更机制化，有利于实现长期可持续合作。

三是进行第三方合作信息分享。中资金融机构可考虑与发达国家金融机构联合设立项目库，在信息共享方面展开合作。这样不仅可以发掘更多高质量的项目，也可以更好地统筹总体建设布局。

当然，也应同时清楚认识到，第三方合作比传统的合作方式更为复杂，需要注意的方面也更多。必须提升收集真实信息和优化资源配置的能力，对三方合作项目的可行性进行深入研究，了解东道国实际需求，切实将各方优势进行有机互补，而非简单地叠加。此外，在开展第三方合作时，也应注意对各方利益关系和合作结构的调整，重视在文化、商业模式之间的分歧，保证第三方合作得以受益三方，让"一带一路"倡议切实惠及沿线国家和地区。

实践表明，第三方市场合作切实可行、前景广阔，可以使中国与合作方在第三方国家实现更高效的资金、技术等资源配置，获得双赢、多赢、共赢。近年来，这一合作模式已在国际上获得了积极响应，呈现良好发展势头，成为共建"一带一路"的重要内容，在一系列重大项目上取得了务实成果，树立了国际合作典范，有助于实现各方互利共赢。

第四节 发挥国际金融中心的作用

国际金融中心汇集了大量的资金、类别丰富的金融产品和服务以及优秀的人才队伍，拥有良好的法治环境，可以成为支持"一带一路"建设的重要力量。

一是国际金融中心是连接全球机构投资者的重要国际投融资平台，具备数量庞大的资金、较为成熟的资本市场，在满足"一带一路"投融资方面潜力巨大。截至2018年上半年,全球机构投资者管理的资产规模已经接近80万亿美元,其中,资产管理规模最大的机构管理资产已经超过了5万亿美元。

二是国际金融中心还聚集着全球主要的金融机构和会计、审计等专业服务机构,可以提供高质量、多样化的金融产品和服务。这些金融机构包括在"一带一路"沿线国家设点较多的汇丰、渣打等老牌跨国银行,它们历史悠久、当地化程度较深,在贸易融资、海事金融、保险、财务运作和风险管理等方面拥有全球领先的地位与庞大的关系网,这些都可以为有效防范"一带一路"投融资合作中金融、法律、环境、市场等各类风险提供帮助。

因此,做好"一带一路"投融资合作,充分满足沿线国家和项目的资金需求,需要国际金融中心的力量。近年来,香港、伦敦等国际金融中心结合自身优势和特点,在参与"一带一路"建设中进行了大量尝试与探索,与中资金融机构开展了一系列合作,已总结出一些国际金融中心参与的方式和路径。

一、香港

香港作为国际金融中心,拥有自由开放的营商环境,可以在"一带一路"建设中发挥重要作用。一是在筹集资金方面。2018年1月至7月,香港新上市公司135家,其中,主板75家,创业板60家,另有7家原创业板公司转至主板上市。2018年1月至7月,香港IPO共计募集资金高达1180.56亿港元。根据亚洲开发银行统计,2017年在香港发行的美元、欧元、日元和港元债券规模达4670亿美元。按照发行量计算,中国香港是亚洲第三大债券市场,仅次于中国内地和韩国。

二是在跨境人民币结算方面。香港是全球主要的人民币离岸中心和跨境贸易、投资人民币结算中心,可以为"一带一路"投融资合作中人民币的使用提供便利。据香港金融管理局数据,2018年9月,香港跨境贸易结算的人民币汇款总额为3488亿元人民币,同比增长6.4%。随着人民币债券市场的蓬勃发展及"沪港通""深港通""债券通"的相继开通,香港国际金融中心的地位得到了进一步巩固和加强。

　　三是设立基建融资促进办公室（IFFO）。2016年7月，考虑到许多"一带一路"沿线国家在发展基础设施时存在迫切的资金缺口，香港金融管理局成立了IFFO，作为一站式平台，协助企业进行基建融资。目前IFFO运作良好，已有包括金融机构、银行、养老基金、主权财富基金和保险公司在内的超过60家机构加入，如国际金融公司、多边投资担保机构、亚洲开发银行、中国进出口银行，中非发展基金、黑石公司等。IFFO通过定期举办债券融资和投资者圆桌会议等活动，增进投融资及营运双方间的了解，最大限度地撮合沿线国家基建项目投融资。2016年12月，通过IFFO平台，香港金融管理局与中国进出口银行及国家开发银行建立了促进基建项目投资方面的策略性合作框架，国家开发银行通过香港平台为基础设施投融资项目提供总额超过100亿美元的金融支持。2017年6月，IFFO主持了世界银行集团成员国际金融公司与保诚保险集团的亚洲资产管理公司瀚亚投资协议签署仪式，为新兴市场基建项目筹措资金5亿美元。

二、伦敦

　　伦敦作为老牌国际金融中心，其金融市场和服务所辐射的欧洲、中东以及非洲多国，与"一带一路"沿线区域高度吻合，因此在服务"一带一路"方面潜力巨大。一是伦敦拥有丰富齐全的金融市场，其融资能力在全球首屈一指。位于伦敦的数量庞大的保险公司、养老基金、主权财富基金等金融机构均可以成为潜在的"一带一路"参与者，通过发行债券等方式为"一带一路"建设项目进行融资。

　　二是伦敦在保险业方面一直以来都是领先者。"一带一路"倡议带来了大量基建项目和跨国贸易，促进了相关商业保险需求的增长和保险业务的发展。各类金融机构在考虑为建设项目融资时，往往需要保险机构为其可能面临的地缘政治风险、施工风险、环境风险等提供保险保障。在此背景下，伦敦保险领域的独特优势可以得到充分发挥。

　　三是伦敦也积极支持绿色金融，为可持续发展提供融资，这也与"一带一路"倡议旨在实现可持续发展相契合。例如，我国首只绿色资产担保债券就是于2016年在伦敦发行上市的。

总之，充分发挥国际金融中心作用，汇聚并引导国际资金投入到"一带一路"建设项目中去，有利于弥补项目投融资缺口。同时，积极参与"一带一路"建设，对于国际投资者而言也是很好的发展机遇，其自身也可以获得合理的投资回报，实现各方互利共赢。

第五节　充分发挥股权类投资的作用

在当前基础设施融资中，债权融资仍是主流。而股权类投资更加注重企业的长期发展，其独特性质可以成为撬动其他资金力量的重要工具。

股权类投资有几大优点：一是可以与已开展的贷款、债权融资等形成互补；二是有利于扩大私人资本的投资渠道，从而吸引更多私人资本参与"一带一路"项目；三是股权融资的长期性正好契合"一带一路"项目周期长的特点，有利于为项目建设提供长期、可靠的资金支持；四是股权融资可在不增加债务负担的情况下为沿线国家和地区提供所需的长期资金。

目前来看，我国已在这方面取得了一些成绩。以丝路基金为例，作为支持"一带一路"建设而设立的中长期开发投资机构，截至2017年底，丝路基金已实现了15个项目签约，承诺的投资金额累计达60多亿美元，投资区域覆盖"一带一路"沿线的俄蒙中亚、南亚、东南亚、西亚北非及欧洲等地区，涉及基础设施、资源开发、产业合作、金融合作等重点领域。股权投资在丝路基金总投资中的比例已超过70%[①]。此外，由外汇储备出资参与设立的中非产能合作基金和中拉产能合作投资基金也分别在非洲、拉丁美洲地区的股权类投资方面进行了一些有益尝试。

鉴于此，我们可以从以下几个方面支持股权类投资发展，一是继续大力发挥丝路基金、中非产能合作基金、中拉产能合作投资基金、人民币海外基金等股权类投资基金在对外投融资中的作用，加大股权投资比重，从而实现与有关国家的资金、技术、经验捆绑，提高项目的整体效益。二是

---

① 数据来源于丝路基金。

鼓励商业性金融机构开展更多的股权投资，政府部门可有针对性地给予一些政策指导与支持，包括建立引导股权投资基金、完善税收政策、放开机构投资者准入等；三是加强公共部门与私人部门间的协调合作，根据实际需求统筹考虑股权投资和债券投资的使用，以实现资源有效配置与各方的利益最大化。

资金融通是"一带一路"建设的重要支撑。"一带一路"沿线国家多为发展中国家，经济建设和社会发展的资金需求量巨大，非某一个国家所能独立负担。加强"一带一路"建设的投融资合作，需要着力搭建利益共同体，充分调动社会资金、多边开发银行、发达国家、国际金融中心等多方力量，同时更好地发挥股权投资的作用。

此外，同样重要的是要提高"一带一路"建设的透明度和开放度，保证各方公正公平参与，营造良好的营商环境，以真正实现共商、共建、共享。

第九章

在"一带一路"投融资合作中更多使用人民币

在"一带一路"投融资过程中,更多使用人民币是一个自然而然的过程,在客观上有助于实现多方互利共赢。中国充足的储蓄资源产生了大量的人民币资金供给,可用于满足"一带一路"建设的巨大资金需求。使用人民币开展对外投融资,有利于更好地调动中国储蓄资源,匹配资金需求。同时"一带一路"沿线国家为进口我国产能设备产生了大量的人民币资金需求,可匹配"一带一路"建设的人民币资金供给。使用人民币进行投融资,沿线国家得到的人民币资金可以直接用于进口中国的商品和服务,更加方便企业经营。此外,更多使用人民币有利于降低换汇成本,维持金融市场稳定。开展本币投融资可减少对美元等货币的依赖,能增强对本币的信心,提升本币吸引力,促进发展本币计价的资本市场,降低汇率波动可能带来的风险,有利于维持汇率和金融市场稳定。

人民币加入IMF特别提款权(SDR)货币篮子、成为国际储备货币之后,各国对人民币的接受程度和需求不断提高,这为在"一带一路"建设中推动使用人民币投融资奠定了良好基础,提供了良好机遇。此外,除了更多使用人民币,我们也与沿线国家共同探索更多地使用当地货币开展投融资,这有助于进一步调动当地和全球资源,为"一带一路"建设提供资金支持。

本章梳理人民币在"一带一路"沿线国家的使用现状,以及目前在推进使用人民币开展对外投融资方面的有关措施,进一步阐述在"一带一路"建设中更多使用本币的可行性和路径。

"一带一路"倡议与对外投融资合作框架

第一节 人民币在"一带一路"沿线国家的使用现状

一、更多使用人民币与"一带一路"建设契合兼容

近年来,人民币的国际使用在"一带一路"沿线国家已具备了一定的基础。从实践来看,人民币的国际使用对"一带一路"建设形成了重要的支持力量,"一带一路"倡议也为人民币的国际使用提供了新的机遇,两者相辅相成、互相支持。

我国与"一带一路"沿线国家的双边货币合作不断深化。2008年以来,中国先后与30多个国家和地区签署了本币互换协议,其中位于"一带一路"沿线国家有14个(见表9.1),通过货币互换机制向离岸市场和沿线国家提供人民币流动性支持,为沿线国家使用人民币提供了综合保障;与23个国家实现双方货币直接交易,其中"一带一路"沿线国家有8个,与两个沿线国家实现双方货币区域直接交易(见表9.2),帮助市场主体有效降低汇兑成本并管理汇率风险,便利与沿线国家的贸易和投资;与23个国家和地区建立了人民币清算安排,其中"一带一路"沿线国家有7个(见表9.3);与18个国家和地区建立人民币合格境外机构投资者(RQFII)试点机制,其中"一带一路"沿线国家有5个,为沿线国家投资国内人民币金融产品提供了便利通道;与9个国家签署边贸或一般贸易(与投资)本币结算协议,其中"一带一路"沿线国家有8个。

表9.1 中国人民银行和"一带一路"沿线中央银行或

货币当局双边本币互换一览

(截至2018年7月10日)

序号	国别	协议签署时间	互换规模
1	新加坡	2010-07-23	1500亿元人民币/300亿新加坡元
		2013-03-07(续签)	3000亿元人民币/600亿新加坡元(续签)
		2016-03-07(续签)	3000亿元人民币/640亿新加坡元(续签)

第九章 在"一带一路"投融资合作中更多使用人民币

续表

序号	国别	协议签署时间	互换规模
2	蒙古国	2011-05-06 2012-03-20（扩大规模） 2014-08-21（续签） 2017-07-06（续签）	50亿元人民币/1万亿蒙古图格里克 100亿元人民币/2万亿蒙古图格里克（扩大） 150亿元人民币/4.5万亿蒙古图格里克（续签） 150亿元人民币/5.4万亿蒙古图格里克（续签）
3	泰国	2011-12-22 2014-12-22（续签） 2017-12-22（续签）	700亿元人民币/3200亿泰铢 700亿元人民币/3700亿泰铢（续签） 700亿元人民币/3700亿泰铢（续签）
4	阿联酋	2012-01-17 2015-12-14（续签）	350亿元人民币/200亿阿联酋迪拉姆 350亿元人民币/200亿阿联酋迪拉姆（续签）
5	土耳其	2012-02-21 2015-09-26（续签）	100亿元人民币/30亿土耳其里拉 120亿元人民币/50亿土耳其里拉（续签）
6	匈牙利	2013-09-09 2016-09-12（续签）	100亿元人民币/3750亿匈牙利福林 100亿元人民币/4160亿匈牙利福林（续签）
7	阿尔巴尼亚	2013-09-12 2018-04-03（续签）	20亿元人民币/358亿阿尔巴尼亚列克 20亿元人民币/342亿阿尔巴尼亚列克（续签）
8	俄罗斯	2014-10-13 2017-11-22（续签）	1500亿元人民币/8150亿卢布 1500亿元人民币/13250亿卢布（续签）
9	卡塔尔	2014-11-03 2017-11-03（续签）	350亿元人民币/208亿元里亚尔 350亿元人民币/208亿里亚尔（续签）
10	塔吉克斯坦	2015-09-03	30亿元人民币/30亿元索莫尼
11	塞尔维亚	2016-06-17	15亿元人民币/270亿塞尔维亚第纳尔
12	巴基斯坦	2011-12-23 2014-12-23（续签） 2018-05-23（续签）	100亿元人民币/1400亿巴基斯坦卢比 100亿元人民币/1650亿巴基斯坦卢比（续签） 200亿元人民币/3510亿巴基斯坦卢比（续签）
13	哈萨克斯坦	2011-06-13 2014-12-14（续签） 2018-04-08（续签）	70亿元人民币/1500亿哈萨克斯坦坚戈 70亿元人民币/2000亿哈萨克斯坦坚戈（续签） 70亿元人民币/3500亿哈萨克斯坦坚戈（续签）
14	马来西亚	2009-02-08 2012-02-08（续签） 2015-04-17（续签）	800亿元人民币/400亿马来西亚林吉特 1800亿元人民币/900亿马来西亚林吉特（续签） 1800亿元人民币/900亿马来西亚林吉特（续签）

83

表9.2 人民币直接挂牌交易表（"一带一路"沿线）

序号	货币对	挂牌时间	成交量（亿元人民币） 2015年	2016年	2017年	2018年第一季度
银行间外汇市场						
1	林吉特	2010-08-18	15	34	38	9
2	卢布	2010-11-22	225	118	98	20
3	新加坡元	2014-10-27	3801	1088	129	8
4	沙特阿拉伯里亚尔	2016-09-26	—	0.47	8	0.3
5	阿联酋迪拉姆	2016-09-26	—	0.57	1	0.08
6	波兰兹罗提	2016-12-12	—	0.02	0.28	0.13
7	匈牙利福林	2016-12-12	—	0.02	1	0.1
8	土耳其里拉	2016-12-12	—	0.04	0.31	0.21
9	泰铢	2018-02-05	—	—	—	1.49
银行间外汇市场（区域）						
1	哈萨克斯坦坚戈	2014-12-15				
2	蒙古图格里克	2017-08-11				0.08
商业银行柜台						
1	老挝基普	2011-06-09				
2	越南盾	2011-06-28				
3	哈萨克斯坦坚戈	2013-11-27				

注：银行间外汇市场数据来自中国人民银行《货币政策执行报告》；银行间外汇市场（区域）及商业银行柜台数据暂不可得。

表9.3 "一带一路"沿线国家境外人民币清算行情况

序号	成为清算行时间	所在地点	清算行
1	2013年2月	新加坡	中国工商银行（新加坡）
2	2014年11月3日	多哈	中国工商银行（多哈）
3	2015年1月5日	吉隆坡	中国银行（吉隆坡）
4	2015年1月6日	曼谷	中国工商银行（曼谷）
5	2015年6月29日	布达佩斯	中国银行（匈牙利）
6	2016年9月23日	莫斯科	中国工商银行（莫斯科）
7	2016年12月9日	迪拜	中国农业银行（迪拜）

第九章 在"一带一路"投融资合作中更多使用人民币

人民币跨境结算有力提升了与"一带一路"沿线国家和地区的贸易投资便利化水平。2016年，中国与"一带一路"沿线国家跨境贸易人民币实际收付7786亿元，占双边贸易额的13.9%，比2012年底提高了4.3个百分点。通过将人民币用于跨境贸易投资计价结算和支付，双方企业有效规避了国际汇率大幅波动的风险，降低了汇兑成本，贸易投资更加便利。此外，人民币跨境支付系统（CIPS）的参与者不少是来自"一带一路"沿线国家和地区的金融机构。

中资金融机构在人民币业务上有天然优势，在"一带一路"建设中的人民币综合金融服务水平稳步提高。在"一带一路"建设的不少项目中，中方既是主要投资方，也是主要建设者。中资金融机构深化与沿线国家金融机构合作，通过设计相应的人民币融资方案，将人民币直接用于国内机械设备和原材料出口、项目施工款支付等，使跨境资金流与货物流匹配循环，有效缓解了币种错配问题，规避了汇率风险。部分银行等积极开展大额产品承包出口、出口买方信贷等多种跨境人民币业务，有力带动了中国产品出口和企业"走出去"，实现了优势互补、资源共享和风险共担。

二、人民币国际使用在"一带一路"沿线国家还有巨大发展空间[①]

"一带一路"建设是一项长期、复杂的全球性战略过程，需要各国开展全方位的深入合作。应该看到，人民币使用在"一带一路"沿线国家已取得了一些成绩，但在某些地区的发展还很不均衡，未来还有一定的发展空间。

人民币在东南亚国家中的使用较为广泛。自1996年起，我国逐步开始在与东南亚国家的双边商品和服务贸易中使用本币结算，人民币开始通过边境贸易方式向毗邻国家或地区流动或跨境使用。同时，一些国家和地区将人民币结算从边境贸易扩大到一般贸易，并扩大地域范围，甚至可以全境适用。2009年7月，我国启动跨境贸易人民币结算试点，首批境外地域

[①] 霍颖励.人民币走向国际化[M].北京：中国金融出版社，2017.

范围便是中国香港、中国澳门和东盟国家。我国与新加坡、泰国、马来西亚、印度尼西亚(已失效)签署本币互换协议,在新加坡、马来西亚、泰国设立了境外人民币清算行,与越南、老挝签署了双边本币结算协定。目前,在老挝、柬埔寨等国家,币值相对稳定的人民币日益成为主要贸易货币;马来西亚、柬埔寨、菲律宾等国已将人民币纳入外汇储备。

人民币在俄罗斯、蒙古国及中亚地区的使用增长较快。在蒙古国,人民币已与美元一起成为最主要的结算货币,人民币在现金流通中占相当大的比例。我国先后与俄罗斯、蒙古国、哈萨克斯坦、塔吉克斯坦、乌兹别克斯坦签署本币互换协议,在俄罗斯设立了人民币清算行,与俄罗斯、蒙古国、哈萨克斯坦(已失效)、乌兹别克斯坦(已失效)签署了双边本币结算协定。根据环球同业银行金融电讯协会(SWIFT)的数据,近年来哈萨克斯坦、吉尔吉斯斯坦、塔吉克斯坦和土库曼斯坦跨境支付业务中人民币的使用量有显著提升,虽然绝对金额相较于法国、德国等国家依然较低,但增长率已经高于100%。

人民币在"一带一路"沿线其他国家中的使用程度相对较低。例如,在南亚地区,我国仅与巴基斯坦、斯里兰卡(已失效)签署了本币互换协议。在西亚北非地区,我国与土耳其、阿联酋、卡塔尔、埃及签署了本币互换协议,仅在阿联酋、卡塔尔设立了人民币清算行。在中东欧地区,我国与匈牙利、阿尔巴尼亚、塞尔维亚签署了本币互换协议,仅在匈牙利设立了人民币清算行。根据 SWIFT 数据,在波兰和捷克的人民币支付额虽增长较快,但基数较小;在埃及、肯尼亚、希腊和印度,人民币支付额还比较低。

人民币使用在支持"一带一路"建设方面还面临一些短板和制约因素。首先,人民币跨境支付和结算对双边贸易的支持力度还不够大。2016年,我国与"一带一路"沿线国家跨境贸易人民币实际收付金额约占跨境贸易额的 14%,低于整体 25% 的水平。其中占比超过 10% 的仅有 7 个国家,介于 5%~10% 的仅有 2 个国家,其余 55 个国家的比例均在 5% 以下。其次,资金短缺和投融资风险等问题较为普遍。"一带一路"沿线国家主权信用评级属于"投资级"的有 24 个,占比 36%,其他国家属于"投机级"或没有评级,"一带一路"建设早期阶段不少投资都涉及基础设施建设,资金投入大、建设周期长,期间当地政治、经济等不利变化会增大投资风险,同时对深化人民币使用也会形成一定制约。最后,人民币在"一带一路"沿线国家的接受度还不够高。一些沿线国家对外汇使用存在不同程度的管制,金融基础设施建设水平落后,人民币在官方认可、当地开户、跨境支付使用等方面均存在一定障碍。

第二节 推动在"一带一路"投融资合作中更多使用人民币

在"一带一路"建设中,使用本币开展投融资具有许多优势。首先要在制度建设上创造适宜人民币使用的环境,才能保证企业和金融机构有意愿、有条件使用人民币开展投融资。近年来,不管是在直接推动人民币的国际使用上,还是在完善人民币使用的配套制度建设上,我国政府都开展了一系列的工作,取得了一定的成果。

一、多管齐下,不断推动人民币的国际使用

近年来,我国与多个国家和地区的央行开展了包括双边本币互换、人民币直接挂牌交易、建立境外人民币清算行等多方面的货币合作,这为人民币的国际使用打下了坚实的基础。此外,还采取了很多措施推动人民币的使用。

一是不断推动人民币跨境使用基础设施建设。人民币的使用离不开清算结算系统的基础设施支持。2015年10月8日,人民币跨境支付系统(CIPS)一期成功上线运行,参与者范围覆盖六大洲的50个国家和地区,标志着人民币国内支付和国际支付统筹兼顾的现代化支付体系建设取得重要进展。2018年5月2日,CIPS二期全面投产,符合要求的直接参与者同步上线。截至2018年6月底,CIPS直接参与者数量从上线时的19家增至31家,间接参与者从176家增至738家,覆盖全球六大洲的87个国家和地区,"一带一路"沿线41个国家和地区,业务实际覆盖"一带一路"沿

线 60 个国家和地区的 1356 家法人金融机构。

此外，除通过 CIPS 外，也可以通过人民币清算行实现人民币的跨境使用。2016 年，中国人民银行先后与美联储、俄罗斯央行签署了在美国、俄罗斯建立人民币清算安排的合作备忘录，在美国、俄罗斯、阿联酋指定了人民币业务清算行。截至 2016 年底，中国人民银行已在 23 个国家和地区建立了人民币清算安排，覆盖东南亚、欧洲、中东、美洲、大洋洲和非洲。人民币清算安排的建立，有利于上述国家和地区的企业和金融机构使用人民币进行跨境交易，进一步促进贸易投资便利化。

二是不断完善人民币计价结算功能。2015 年 7 月，中国人民银行发布《关于境内原油期货交易跨境人民币结算管理有关事宜的公告》，明确原油期货交易以人民币计价结算，并规范了相关人民币账户的开立和使用。2018 年 3 月，原油期货在上海国际能源交易中心正式挂牌交易。2018 年 5 月，铁矿石期货正式引入境外交易者。此外，2016 年 4 月，上海黄金交易所发布了全球首个以人民币计价的黄金基准价格。以人民币计价的大宗商品期货和黄金对外开放取得新进展，有助于完善人民币计价结算功能，促进人民币在"一带一路"沿线国家中的使用。

三是积极开展人民币海外基金业务。人民币加入 SDR 后，国际化程度提高，国内的商业银行、开发性金融机构和政策性银行主动表达了希望更多开展人民币投融资业务的想法。而且，中国企业"走出去"也需要配套的人民币资金和金融服务"走出去"，有人民币融资需求。2017 年 5 月 15 日，"一带一路"国际合作高峰论坛（以下称峰会）成功闭幕，是"一带一路"建设新的起点。在峰会宣布的 276 项成果中，资金融通方面的举措令人瞩目。中国鼓励金融机构开展人民币海外基金业务，规模初步预计约 3000 亿元人民币。此后，11 家试点金融机构均根据实际情况，制定了各自开展业务的制度框架，自主开展人民币海外基金业务。各金融机构基于自身优势和特点，自然形成开发性、商业性金融机构和股权投资基金分工合作的人民币投融资格局。

在开展人民币海外基金业务的实践中，各金融机构积极发掘出了企业在对外投融资过程中使用人民币的需求。一是部分项目需采购境内的商品

第九章 在"一带一路"投融资合作中更多使用人民币

和服务,使用人民币可直接用于采购。二是部分项目将向我国出口商品和服务,未来有人民币收入来源,可直接用于还款。三是部分项目业主出于开拓中国市场、管理外汇敞口等原因,有使用人民币融资的需求。四是部分项目中,金融机构可通过领投增加话语权,推动人民币的使用。

四是向丝路基金新增资金 1000 亿元人民币。在峰会宣布的 276 项成果中,还有一项重要成果是向丝路基金新增资金 1000 亿元人民币。2014 年中国出资成立丝路基金,这是利用中国资金实力直接支持"一带一路"建设的具体体现,也是中国对国际投融资模式进行的重要探索。丝路基金的投资覆盖了"一带一路"沿线的俄罗斯、蒙古国、中亚、南亚、东南亚、西亚、北非及欧洲等国家和地区。此外,丝路基金还单独出资 20 亿美元设立了中哈产能合作基金,重点支持中哈产能合作及相关领域的项目投资。

丝路基金在新增人民币资本金后,既可满足前期积累的大量项目储备对资金支持的需求,在这些项目投资中充分发挥人民币的作用,也有助于丝路基金进一步发挥杠杆撬动作用,更好地调动沿线国家和国际金融机构储备和使用人民币的积极性,推动人民币投融资发展。

二、多措并举,完善人民币使用的配套制度建设

在完善人民币使用的配套制度建设上,一是逐步推进利率市场化改革和人民币汇率形成机制改革。随着人民币在国际上被广泛使用,中国的货币政策和汇率政策将不可避免地产生更大的"溢出效应"。同样,只有人民币汇率形成机制更加市场化、更加灵活,货币政策透明度更高,才可更加有效提高人民币"可自由使用"程度,夯实人民币的国际货币地位,促进企业和金融机构使用人民币开展投融资。近年来,利率市场化改革加快推进并取得重要进展。二是继续培育金融市场基准利率体系。着力培育以上海银行间同业拆放利率(SHIBOR)、国债收益率曲线和贷款基础利率(LPR)等为代表的金融市场基准利率体系,为金融产品定价提供重要参考。三是不断健全市场利率定价自律机制。四是有序推进金融产品创新。逐步扩大存单发行主体范围,推进同业存单、大额存单发行交易。五是完善中央银行利率调控体系,积极疏通利率传导渠道,增强央行引导和调节

市场利率的有效性。

在汇率方面，2016年以来，以市场供求为基础，参考一篮子货币进行调节的人民币汇率形成机制有序运行，"收盘汇率+一篮子货币汇率变化"的人民币兑美元汇率中间价形成机制进一步完善。人民币兑美元双向浮动弹性显著增强，对一篮子货币汇率在保持基本稳定的同时也显现出明显的双向波动态势，市场供求在人民币汇率决定中的作用进一步显现。

一是不断推进金融市场对外开放。欧美等发达经济体的金融市场对外开放程度高，从根本上解决了其境外美元或欧元通过贸易投资渠道回流的制度障碍，奠定了其国际主要货币的地位。推进金融市场对外开放，有利于增加人民币在贸易投资计价结算中的使用比重，提升人民币的国际形象和地位，促进企业和金融机构使用人民币开展投融资。在过去十几年间，中国不断深化外商直接投资外汇管理改革；持续推进对外直接投资项下简政放权；深化证券投资可兑换改革，推出并完善合格境外机构投资者（QFII/RQFII）制度、推出"沪港通""深港通"等机制、推动境外企业在A股发行上市；积极推进本币债券市场，允许国际开发机构在境内发行人民币债券、允许境内金融机构赴境外发行人民币债券等。这些措施都为开展人民币投融资创造了良好环境。

二是不断深化金融机构网络化布局，逐步提高市场对人民币的了解和需求。在"走出去"方面，目前中国主要的商业银行和国家开发银行、中国进出口银行等政策性银行均已在海外布局设点。截至2017年底，共有10家中资银行在"一带一路"沿线的26个国家设有67家一级机构；共有14家中资银行在58个国家和地区设有243个分支机构。同时，许多银行已制定了进一步海外发展的计划，目前正在筹建更多的新机构。这些举措都可以提升人民币在海外的接受程度。

在"引进来"方面，随着外资准入限制的放宽，外资金融机构在我国分支机构数量、资产规模和业务经营范围逐步扩大。截至2016年底，外资银行在我国27个省份的70个城市设立了营业机构，形成了具有一定覆盖面和市场深度的服务网络，营业网点达1031家，较10年前增加超过1倍；中国证券监督管理委员会已批准设立13家中外合资证券公司、45家中外

第九章 在"一带一路"投融资合作中更多使用人民币

合资基金管理公司和2家中外合资期货公司；外资保险公司数量合计占全国保险公司总数的比重为28%。2018年4月，习近平总书记宣布要进一步推进金融业对外开放，随后中国人民银行宣布了具体措施，包括取消银行和金融资产管理公司的外资持股比例限制，大幅扩大外资银行业务范围；放宽证券公司、基金管理公司、期货公司、人身险公司的外资持股比例，不再对合资证券公司业务范围单独设限；允许符合条件的外国投资者来中国经营保险代理业务和保险公估业务等。这些举措都可以提高外资机构对人民币的了解和需求。

第三节　展望未来，继续为人民币投融资使用创造适宜环境

要使人民币在"一带一路"投融资合作中得到更多的应用，最根本的驱动力是市场主体在贸易投资中使用人民币的需求，只有市场有充分的需求，人民币才可以逐步从结算货币发展到投资货币。从大的环境来看，中国的经济增长、与"一带一路"沿线地区贸易和投资往来的增长，一定在客观上有助于市场在"一带一路"投融资合作中更多使用人民币。但从小环境看，我们需要为人民币发展打造适宜的环境，才能确保市场的选择得到充分尊重，确保市场对人民币的需求没有发生扭曲。

展望未来，我们将从多方面多层次出发，继续为人民币在投融资中的使用打造适宜环境。

一是继续推进利率市场化改革和人民币汇率形成机制改革，包括有计划、有步骤地逐步扩大对人民币存款利率上限和贷款利率下限的区间；继续加强金融市场基准利率体系建设，引导金融机构完善利率定价机制；进一步理顺国内外价格之间的传导机制，促进形成开放统一的价格体系[①]。二是稳步推进金融市场双向开放，有序推动人民币资本项下跨境使用，包括进一步便利境外机构投资者使用人民币投资国内债券市场和股票市场；

---

① 陈雨露，马勇．大金融论纲［M］．北京：中国人民大学出版社，2013．

支持符合条件的境外机构在境内发行人民币债券；支持境内金融机构和企业到境外发债；支持境内金融机构赴境外设立分支机构，完善网络化布局；继续探索与国际金融市场互联互通机制[①]。三是继续巩固人民币支付和计价货币地位，把服务实体经济作为出发点和落脚点，支持投资者优先以人民币实现跨境支付和投资。四是继续构建完善安全、高效的全球人民币清算网络，包括切实发挥人民币海外清算行在组织推动离岸人民币市场发展中的作用；加快 CIPS 二期建设；进一步开发离岸人民币金融产品[②]。

我们相信，在"一带一路"投融资建设中，随着贸易投资不断增加深化，随着上述支持政策陆续落地，人民币的作用将逐步得到充分发挥，人民币的吸引力也将进一步提升。

[①] 霍颖励. 人民币国际化的新发展 [J]. 中国金融，2018（16）.
[②] 霍颖励. 人民币国际化的新发展 [J]. 中国金融，2018（16）.

第十章

发展本币债券市场 助力"一带一路"建设

债券市场能提供长期、稳定的资金,可成为"一带一路"建设的重要融资来源,也是"一带一路"对外投融资合作框架中不可缺少的部分。大部分"一带一路"沿线国家的金融市场发展程度相对不足,缺乏深度和广度。发展本币债券市场不仅能为"一带一路"建设提供资金支持,而且有助于缓解货币错配和期限错配风险,还能够深化本地金融市场,提高金融韧性。中国债券市场近年来不断发展,有足够潜力成为"一带一路"建设资金的重要来源,但在一些领域也仍有需要改进之处。借鉴发达国家和主要新兴市场经济体发展债券市场的经验,推动包括中国在内的"一带一路"沿线国家的本币债券市场发展,有助于支持"一带一路"建设。

第一节 发展本币债券市场的重要意义

发展本币债券市场有助于拓宽中长期融资渠道,支持"一带一路"建设。一方面,"一带一路"沿线国家发展建设所需的资金量巨大。部分基础设施项目投资周期长、规模大、流动性低,需要大量中长期资金。若依靠传统商业银行融资渠道,面临商业银行不愿为期限过长的项目提供资金的局限。另一方面,全球还有许多机构投资者,如养老基金、社保基金等,在寻找长期投资机会。在此背景下,发展本币债券市场可以很好地匹配资金供需双方,吸引长期机构投资者参与"一带一路"建设,不仅能更好地解决中长期项目的融资难问题,提供新的资金渠道,也有助于丰富长期机构投资者的资产配置,缓解期限错配风险。

除期限错配外，发展本币债券市场也有助于缓解资金的货币错配风险。货币错配指项目资产和负债在货币币种上的不匹配。"一带一路"项目很多以美元或欧元融资，但收入却是项目所在国的本币，存在货币错配的现象。

货币错配是发展中国家在经济金融全球化过程中普遍面临的问题。在正常情况下，货币错配的风险是潜在的。然而一旦遭受外部冲击，导致本币贬值，偿还等额外币债务所需支付的本币将大幅增加，在极端情况下会导致项目搁浅终止。如果一国大部分项目都存在货币错配风险，甚至还可能会造成债务危机。

发展本币债券市场，使用本币融资有助于缓解货币错配风险。一个有深度、流动性强的本币债券市场，可以便利项目通过本币债券进行融资，降低对外币债务的依赖，从而缓解货币错配的隐患。而随着本币债券市场的进一步发展，市场开放度的提高，跨境投资的增加，也可增强当地金融部门深度和韧性，降低本币汇率大幅波动的风险，减少货币错配风险发生的概率。

发展本币债券市场还有助于深化金融市场，形成利率曲线。传统商业银行向市场提供的贷款期限有限，许多新兴市场经济体缺乏长期的本币融资工具，因此难以通过市场供求决定长期利率，而本币债券市场的发展有助于推动长期利率的形成，从而反映资金的真实成本，提高资源配置效率。

发展本币债券市场还有助于降低对银行部门的融资依赖。当银行部门出现问题时，运作良好的本币债券市场可以为企业提供额外的融资渠道，缓解企业承受的压力。投资者利用活跃的本币债券市场来多样化投资组合，也能分散原本由银行集中承担的信贷风险，从而有利于维护金融体系的稳定。随着债券市场流动性和金融工具定价透明度的提升，交易成本随之下降，投资者和借款人还能够更好地利用债券市场工具管理利率等相关风险，进而使整个金融市场更加稳健。以上这些都有利于增强经济韧性。

在 1997–1998 年的亚洲金融危机中，亚洲多个经济体受到严重冲击，大规模的资本流出不仅冲垮了金融体系，还导致经济产出大幅下降。然而回顾过去,在这场危机中流出的资本约为1000亿美元,与亚洲整体经济规模相比其实不是很大①。实际上,当时数个受冲击最严重国家的主要问题是企业融资过于依赖外币银行贷款,出现了严重的货币错配。若当时各国已建立起较完善的本币债券市场,以本币作为主要融资币种,或许能够缓解危机对亚洲经济的打击。事实上,这也是危机后亚洲地区积极发展本币债券市场的一个重要原因。

总之,发展本币债券市场能为"一带一路"建设带来资金支持、缓解错配风险、提高资源配置效率、深化金融市场等好处,有助于缓解"一带一路"融资难题,并最终促进经济的长期发展。因此,本币债券市场是对外投融资框架合作中不可或缺的一员。一个成熟、有深度、运转良好的本币债券市场可以为"一带一路"建设提供有力的支持。发展本币债券市场对"一带一路"建设具有重要意义,应给予更高的关注,投入更多的精力。

第二节 我国本币债券市场助力"一带一路"建设

事实上,自"一带一路"倡议提出以来,我国的本币债券市场不断开放,各项政策制度逐渐完善,人民币债券的发行更加便利、规模不断扩大,国际化水平不断提高,吸引诸多沿线国家政府、企业来中国融资,部分中资企业也将发行债券募得的资金用于"一带一路"建设。我国的本币债券市场在一定程度上成为了"一带一路"建设重要的融资平台。

在提供融资方面,越来越多的沿线国家企业和金融机构通过我国债券市场发行债券,筹集资金。境外主体发行熊猫债有诸多益处,可为业务经营提供融资、提升投资者多元化程度及债券流动性,也可带来显著的宣传推广效应,有助于发行人灵活开展全球融资,并通过创新融资方式抢占发展先机。截至2018年3月,波兰、匈牙利、德国、沙特阿拉伯等"一带一

---

① 林洋. 东亚本币债券市场的发展及成效 [D]. 厦门:厦门大学硕士学位论文,2007.

路"沿线境外发行人,及招商局港口、普洛斯洛华、法国液化空气等境外企业在中国银行间债券市场累计筹集熊猫债资金超过480亿元人民币。

此外,2018年3月,上海证券交易所和深圳证券交易所同时开展"一带一路"债券试点,引导市场进一步服务"一带一路"建设,促进沿线国家(地区)的资金融通。截至2018年5月,已有7家境内外企业发行"一带一路"债券的申请获得核准,拟发行金额合计500亿元。其中,4家境内外企业已发行35亿元"一带一路"债券。这些产品的发行将为"一带一路"建设提供融资支持,推动中国本币债券市场更好地服务"一带一路"建设。

在债券市场互联互通方面,2017年7月,旨在连通内地和香港的债券市场基础设施、提供跨境现货债券交易及结算的"债券通"正式上线,进一步提高了我国本币债券市场对外开放程度,并获得了各国投资人的踊跃参与。截至2018年6月,"债券通"日均成交量达65.5亿元,历史总成交量达1309.2亿元,吸引了来自德国、韩国、新加坡、中国香港和中国澳门等国家和地区的22家境外投资者参与投资,成为金融基础设施互联互通战略的重要一环。

目前,我国本币债券市场已经成为"一带一路"倡议建设的重要融资平台。但随着"一带一路"倡议的稳步推进,资金需求会继续保持强劲,预计会有越来越多的沿线国家来我国发债或投资,我国本币债券市场的融资功能将更加重要,发行人和投资者对市场本身的要求也将进一步提高。

第三节 发展本币债券市场的政策建议

发展本币债券市场对"一带一路"建设意义重大。我国债券市场在市场化改革和对外开放中不断发展和完善,基本形成了较为成熟的市场体系,也在支持"一带一路"建设方面发挥了重要作用,作出了巨大贡献。但仍需注意到,与其他成熟市场相比,我国债券市场开放深度依然有限,远不及美国、日本等发达市场。应全面客观地认识到我国债券市场在市场准入、市场流动性、配套制度等方面存在的一些不足,以更好地支持"一带一路"建设。

据中央国债登记结算有限责任公司统计,截至2016年底,外资持有我国债券的比例为2.52%,持有中国主权债券的比例为3.93%(见图10.1),而美国、日本、欧洲等发达债券市场的国际投资者投资金额占比为20%~30%,马来西亚、俄罗斯等新兴债券市场的国际投资者投资金额占比也均高于10%。尽管我国本币债券市场开放取得较大进步,但开放深度远低于其他主要发达市场,也低于许多新兴经济体市场。

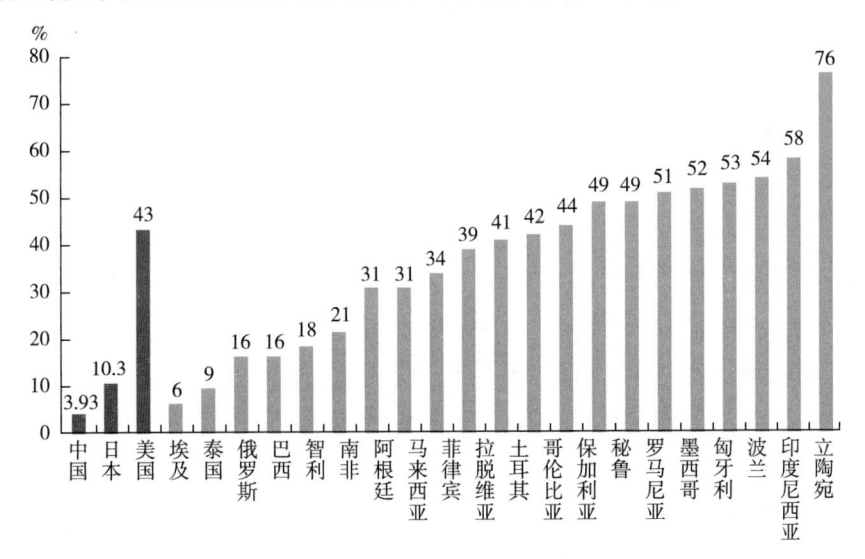

国家	比例(%)
中国	3.93
日本	10.3
美国	43
埃及	6
泰国	9
俄罗斯	16
巴西	16
智利	18
南非	21
阿根廷	31
马来西亚	31
菲律宾	34
拉脱维亚	39
土耳其	41
哥伦比亚	42
保加利亚	44
秘鲁	49
罗马尼亚	49
墨西哥	51
匈牙利	52
波兰	53
印度尼西亚	54
立陶宛	58

图10.1 外资参与中国、美国、日本和主要新兴市场经济体主权债券市场情况

具体而言,我国本币债券市场还存在以下几方面问题。有些问题在"一带一路"沿线的新兴市场经济体和发展中国家间存在共性。因此,部分问题也可供各方共同探索解决。

(一)市场准入审批效率较低

境外主体发行熊猫债以及投资交易所债券市场需审批,投资银行间债券市场采用备案制,但完成备案及开户耗时较长,应考虑提高审批效率,以增强境外投资主体参与度。此外,部分债券交易类别尚未对境外投资者开放。

（二）市场流动性和风险对冲机制不足

目前国内本币债券市场流动性集中于新发行债券，国债买卖价差相比成熟市场仍然较大，在流动性和市场深度上仍存在较明显缺陷，表现之一即为债券买卖价差较高。一方面，我国债券市场投资主体以银行为主，交易需求不足，另一方面，我国形成了扁平化的交易主体结构，做市商发展不足。

（三）托管体系需提高兼容性

在债券托管方面，目前我国银行间债券市场实行一级托管模式，而国际上一般采用"名义持有人"与多级托管模式。我国没有"名义持有人"，所有投资者必须到中央托管机构开立实名的独立账户，投资者持有登记由中央托管机构直接负责，兼容性较差，不能较好地对接全球投资者。此外，境内结算托管机构未实现完全联通，特别是部分业务无法实现电子化操作，降低了交易效率。

（四）投资便利性与市场信息可得性不足

目前国内债券市场专户专用的规则导致境外投资者需开立多个账户以满足不同需求，且各账户资金用途严格限制，影响了账户使用的便利性。

此外，我国债券市场信息获取便利性也有待提高，且英文信息不足。目前不同机构分管债券市场不同部分的信息，投资者无法获得一站式债券信息，语言问题也造成不便，信息获取便利性不高，也是市场在未来发展中需要注意的问题。

（五）配套制度及法律体系仍存在缺陷

我国债券市场评级未能真实地体现债券的风险，也不能对债券定价起到良好的指导作用。国内评级业公信力不足，信用评级等级虚高，且与国际信用评级体系以及境外投资者的风控体系存在较大的错位。

（六）跨境资金流动受限

资金汇出在金额和比例上仍受到限制，相关政策的可预期性需要提高。现行规定要求境外机构投资者累计汇出外汇和人民币资金的比例应与累计汇入比例保持基本一致，上下波动不超过10%，限制了境外投资者自由汇出资金的能力。

第十章　发展本币债券市场　助力"一带一路"建设

综上可见，虽然我国本币债券市场的发展已经取得一定成绩，但仍存在一些不足。未来可从以下几方面着手，进一步完善我国本币债券市场建设。

市场准入方面。可根据实际需求，拓宽债券交易类别，提高境外主体参与深度，例如允许境外普通机构投资者进行债券回购交易，提高其投资积极性。

市场流动性及风险对冲机制方面。在该问题上，可考虑从三个方面完善国内债券市场交易机制：一是进一步丰富投资者类型，增加债券交易需求；二是完善债券做市支持机制，提高市场流动性；三是进一步发展国债期货和衍生工具市场，为投资者提供丰富的风险管理工具。同时应加快债券市场的对外开放，及与其他国家债券市场的互联互通，并积极推进衍生品市场的发展，为投资者提供风险对冲工具。

托管体系方面。尽快建立与国际接轨的托管模式，扩充境外投资主体，逐步建立与国际接轨的名义持有人制度和多级托管模式。多级托管模式既能较好解决跨境投资涉及的法律合规、市场规则、语言差异等问题，也可以控制操作风险。

投资便利性方面。大幅简化开户流程，同时取消不必要的政策限制，尽快解决境外投资者在不同账户之间的头寸转换问题，并允许资金账户在合理范围内一户多用；针对信息便利性问题，应致力于整合债券市场不同监管机构的信息资源，提高同步发布英文政策的比重，便于投资者获取一站式债券信息，并及时了解我国债券市场政策，增强信息透明度。

跨境资金流动方面。进一步完善以市场供求为基础、双向浮动、有弹性的汇率运行机制，完善跨境资本流动管理，减少不必要的限制，为满足境外投资者的合理资金流动需求创造便利条件，提升资本流动管理政策的连续性和透明度，从而使境外投资主体对资金流动形成稳定预期，提高其投资我国债券市场的积极性与信心。

配套制度及法律体系方面。给予境外主体在会计审计方面更大的灵活性，可将一般公认会计准则（GAAP）等纳入认可范围，或者不要求发债主体编制差异说明表，同时放松对审计机构的资质要求，将合格的境外审计机构纳入认可范围；推动评级行业健康发展，提高评级质量，有序引入境外评级机构参与我国债券市场，营造友好便利的制度环境。

最后，在不断完善我国本币债券市场的同时，还可考虑通过建立区域性债券发展倡议等方式来帮助"一带一路"沿线国家发展本币债券市场。2003年和2004年，亚洲国家在东亚及太平洋中央银行行长会议组织（EMEAP）框架下发起成立了亚洲债券基金一期和二期（ABF1、ABF2）。2017年9月，金砖国家也开始探索金砖国家本币债券基金（BBF），目前正在积极筹建中。这些本币债券基金由成员国各自出资，投资成员债券市场，既可带动私人部门资金、促进本币债券市场发展，又能通过吸引更多外国私人部门参与，促进各国国内和区域债券市场发展，对区域内金融市场的完善和发展发挥显著作用。在"一带一路"沿线发起类似倡议，也能积极促进沿线国家本币债券市场的发展，从而直接支持"一带一路"建议。

发展本币债券市场意义重大。本币债券市场是金融体系的一个不可或缺的组成部分，不仅可以成为"一带一路"建议的重要资金来源，也能在缓解货币错配和期限错配风险、发展本地金融市场、维护金融稳定方面发挥重要作用。经过多年发展，中国本币债券市场已成为"一带一路"建设的重要融资来源。将来，包括中国在内的"一带一路"沿线国家可继续深化完善国内本币债券市场，为"一带一路"建设提供广泛而有力的支持。

第十一章

推动"一带一路"投融资绿色化，打造"绿色丝绸之路"

"一带一路"倡议自提出起就被赋予了绿色发展的概念。2017年5月14日，习近平主席在首届"一带一路"国际合作高峰论坛开幕演讲时，倡导要开展绿色、低碳、循环、可持续的生产生活方式，加强生态环保合作，与沿线国家共同实现2030年可持续发展目标。在"一带一路"倡议推进过程中，我国始终高度重视生态文明建设和环境保护，强调可持续发展理念。

在打造"绿色丝绸之路"的过程中，推动投融资绿色化能够发挥重要作用。一方面，可鼓励将环境保护、社会效益等因素纳入对外投融资合作决策框架，充分考虑投资标的项目对东道国环境、社会可持续发展的影响。另一方面，可充分发挥绿色金融的撬动作用，引导和优化金融资源配置到绿色领域，推动"一带一路"建设可持续发展。这也能帮助我国树立正面形象，传播我国绿色发展理念，扩大"一带一路"倡议的号召力。

第一节 推动"一带一路"投融资绿色化，促进沿线国家绿色可持续发展

"一带一路"倡议自提出起就融入了绿色的概念。加强生态文明建设和注重环境保护是"一带一路"倡议的重要组成部分。2016年6月22日，习近平主席在乌兹别克斯坦最高会议立法院演讲时强调，我们要着力深化环保合作，践行绿色发展理念，加大生态环境保护力度，携手打造"绿色丝绸之路"。2017年5月14日，习近平主席在首届"一带一路"国际合作高峰论坛开幕演讲时倡议，我们要践行绿色发展的新理念，倡导绿色、低

碳、循环、可持续的生产生活方式,加强生态环保合作,建设生态文明,共同实现2030年可持续发展目标。

从长期看,共建"绿色丝绸之路"既是"一带一路"沿线国家实现可持续发展的内在要求,又能与沿线国家深化共识,提升"一带一路"倡议的号召力。"一带一路"沿线国家大部分属于发展中国家和新兴市场经济体,对提高发展质量、实现可持续发展有着强烈愿望。推进共建"绿色丝绸之路",有助于帮助这些国家打破传统的粗放型投资和增长模式,为当地经济增长带来新动能。与此同时,在推进"一带一路"建设过程中,加强生态环境保护,坚持资源节约和环境友好原则,与沿线国家分享我国生态文明和绿色发展理念与实践,有利于增进沿线各国政府、企业和公众对"一带一路"倡议的理解和支持,传播我国绿色发展理念,提升"一带一路"倡议的号召力。

相较于发展单个绿色项目,推动投融资的绿色化可以发挥更大的撬动作用。通过发挥资本的撬动作用,投融资绿色化的作用范畴可以不局限于单个项目,而是更广泛地作用于多个项目,能够扩大"一带一路"倡议对沿线国家和地区生态、环境、社会的有益影响,减少负面外部效应,促进沿线国家和地区共同实现经济和社会可持续发展。

推动投融资绿色化有两重含义:一方面,出资方在投资决策阶段就将绿色环保、社会效益等列为重要的初始考量条件,充分评估项目可能对生态、环境、社会造成的多方面影响;另一方面,引导金融机构和社会资本增加对绿色项目的资金投入,抑制对高污染、高消耗行业的金融支持。

而实现上述投融资绿色化有两条重要途径,一条是鼓励投资主体在投资决策过程中考虑环境保护、社会效益等因素,另一条是充分发挥绿色金融的撬动作用。

第二节 鼓励投资主体在投资决策过程中充分考虑环境保护、社会效益等因素

在推进"一带一路"建设的过程中,投资主体在进行投资决策时充分

第十一章 推动"一带一路"投融资绿色化,打造"绿色丝绸之路"

考虑环境保护、社会效益等因素是其践行负责任投资理念的重要体现。这意味着投资主体在可行性研究等投资决策阶段,就将生态、环境和社会的相关成本和风险作为重要的项目风险和收益评估要素,全面评估项目对当地环境和社会等方面带来的外在影响。这样有助于确保项目的建设和运营是环境友好和生态友好的,资源利用是高效的,同时能够遵守当地法律法规、尊重并保护当地劳动者和消费者的合法权益等。

从"一带一路"沿线国家的角度看,当地经济社会的可持续发展需要投资主体在进行投资决策时充分考虑环境保护、社会效益等因素。一方面,许多"一带一路"沿线国家地理环境复杂,生态脆弱。例如,哈萨克斯坦、沙特阿拉伯等中亚、西亚国家,干旱少雨,土地沙漠化形势严峻;印度、印度尼西亚等南亚和东南亚国家,森林锐减,城市化压力大,面临生物多样性不断减少的威胁。在"一带一路"项目建设和资源开发过程中注重生态环境保护,可助力当地环境可持续发展。

另一方面,"一带一路"沿线国家都有根据自己国情制定的环境法律法规、环保标准以及各种不同的社会、宗教习俗。在"一带一路"投资中,如果不充分研究和遵守当地的环境和社会规范,就可能出现污染事故和冒犯当地宗教、劳工、文化习俗等事件。一旦发生事故,不但参与投资的金融机构和企业的业务和声誉将受到影响,可能面临法律诉讼,更会损害我国国家形象。

此外,一些"一带一路"沿线国家还处于环境生态保护相关法律和监管体系的探索完善阶段,存在法律的变更、空白、漏洞和冲突,以及监管不力、执法不严,甚至政府机关腐败等问题,这意味着中国企业更加需要将环境保护、社会效益等可持续发展要素纳入投资决策。

从投融资主体的角度看,充分考虑环境保护、社会效益等因素有助于降低融资成本,提高风险调整后的投资回报率。过去,一些企业和投资者经常忽视或回避项目对沿线国家当地生态、环境和社会带来的外部影响,并认为在项目开发过程中注重生态和环境保护、考虑社会效益会拉高项目成本,进而对项目绩效表现带来一定负担。但近期越来越多的研究显示,公司在环境保护、社会治理方面做的工作越多,发挥的积极作用越大,实际上反而有助于改善项目绩效并降低其融资成本,这种优势在长期看来更加明显。

例如,近十年来,越来越多的国际投资者开始强调进行负责任的投资,其中一种重要的投资理念是环境、社会和治理(ESG),也就是将投资标的对环境、社会的影响及其自身治理结构纳入投资决策,以实现改善投资结构,优化风险控制,并最终获得稳定的长期收益。根据美国可持续投资论坛组织(USSIF)的统计数据,2016年美国负责任投资规模超过8.72万亿美元,其中8.1万亿美元是ESG投资。

很多负责任的机构投资者将ESG作为进行投资决策的参考标准,并按此进行信息披露。根据联合国负责任投资原则(Principle for Responsible Investment)的建议,ESG主要涵盖以下内容:在环境方面需着眼于适应气候变化,控制危险、有毒、核废物排放,提高环境可持续性、提高资源利用效率等;在社会方面应着眼于审查公司管理与其雇员、供应商和东道国社区的关系,保护消费者权益,保障卫生安全,采取安全生产措施等;在治理方面主要涉及企业治理结构、高管薪酬、审计、内部控制和股东权利等。

近期研究表明,公司是否将ESG因素纳入投资决策与公司证券(包括股票和债券)的投资回报正相关。根据美林美银集团的研究结果,基于ESG因素的度量指标能够可靠地预测美国股票未来波动性、收益风险、价格下跌和破产等市场表现,长期股权投资者将ESG因素纳入投资决策也有助于规避风险。对于中国资本市场而言,沪深300绿色领先股票指数的投资回报率也高于沪深300指数。因此,从投融资主体的角度看,将环境保护和社会效益纳入投资决策有助于提升风险调整后的回报率。

综合考虑,将环境保护、社会效益等因素纳入投资决策有助于我国企业跨越环境政策、社会文化等方面的差异,扩大与"一带一路"沿线国家的共识,形成以绿色发展为聚合力的投融资纽带;也有助于国内投融资主体完善对外投融资决策体系,降低融资成本,改善项目绩效表现。

事实上,目前我国已在此方面开展了一系列工作,引导和鼓励中资企

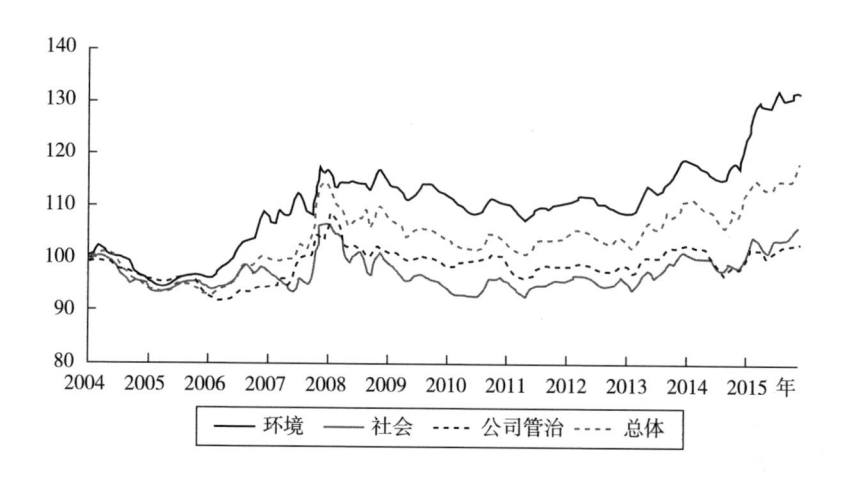

第十一章 推动"一带一路"投融资绿色化,打造"绿色丝绸之路"

注:以2005年至2015年美银美林集团评级范围以及ESG评级相关信息为基础。
数据来源:汤森路透、美银美林集团、全球研究。

图11.1 ESG评分与企业股价的相对表现

业将环境保护和社会效益纳入投融资决策,进行负责任投资,以提高投资质量,促进东道国经济可持续增长。2017年8月,国家发展和改革委员会、商务部、中国人民银行等部委联合发布了《关于进一步引导和规范境外投资方向的指导意见》,将"不符合投资目的国环保、能耗、安全标准的境外投资"列入限制开展的境外投资,加强对我国境外投资的环保要求,推动"走出去"项目提升绿色化水平。

此外,我国还不断开展工作,鼓励上市公司披露环境相关信息,鼓励和督促企业在投融资中考虑环境保护等因素。根据原环境保护部出台的《上市公司环境信息披露指南》,火电、钢铁、水泥等16类重污染行业上市公司应当发布年度环境报告,定期披露污染物排放情况等信息,其他行业可自愿披露相关信息。

同时,我国金融业界也自发形成倡议,不断鼓励和引导金融机构和企业在对外投融资过程中加强环境风险管理,进行负责任投资,将绿色、可持续发展理念融入"一带一路"建设(见专栏3)。

专栏 3 《中国对外投资环境风险管理倡议》

2017 年 9 月，中国金融学会绿色金融专业委员会联合中国投资协会、中国银行业协会、中国证券投资基金业协会等多家单位发布了《中国对外投资环境风险管理倡议》（以下简称《倡议》），供参与对外投资的中国金融机构和企业自愿采纳，鼓励相关企业充分了解、防范和管理对外投资项目所涉及的环境和社会风险，强化环境信息披露，积极利用绿色融资工具和环境责任保险，推动贸易融资和供应链融资绿色化，加强环境风险管理方面的能力建设。《倡议》强调对外投资活动中坚持"环境保护"这个基本原则，旨在建立和健全企业环境风险管理的机制和内部流程，确保每个对外投资项目能做到可持续发展。

《倡议》指出，参与对外投资的金融机构和企业应充分了解项目所在地的环境法规、标准和相关的环境风险；参与对外投资的银行应借鉴国际可持续原则，参与对外投资的机构投资者应借鉴联合国负责任投资原则，在投资决策和项目实施过程中充分考虑环境、社会因素，建立健全管理环境风险的内部流程和机制；鼓励参与对外投资重大项目的机构在决策和实施过程中，充分利用第三方专业力量，帮助评估和管理所面临的环境和社会风险；鼓励对外投资项目，尤其是中长期基础设施项目，充分利用绿色融资工具等。

表 11.1 《倡议》主要内容

领域	内容
风险识别	第一条：充分了解项目所在地的环境法规、标准和相关的环境风险。 第二条：了解项目所属行业的环境法规和标准，以及该行业环境风险的主要类别和防范应对方法。 第六条：逐步完善对项目环境效益与成本的定量评估。
管理体制	第三条：参与对外投资的银行应充分考虑 ESG 因素，建立健全环境风险内部管理流程和机制。 第五条：强化境外分支机构环境风险的内部流程和能力建设。 第七条：利用第三方机构，帮助评估和管理环境和社会风险。

第十一章 推动"一带一路"投融资绿色化，打造"绿色丝绸之路"

续表

领域	内容
管理体制	第八条：鼓励中长期基础设施项目充分利用绿色融资工具。 第九条：鼓励在环境高风险领域使用环境责任保险。 第十条：大型对外投资项目采用绿色供应链管理，推动原材料和设备及服务提供商进行绿色化运营。 第十一条：金融机构应推动贸易融资和供电链融资绿色化，降低绿色供应商的融资成本，提高融资可获得性。
信息披露	第四条：鼓励强化ESG信息披露，主动与环保组织合作，利用信息披露要求改善项目评估和内部管理流程。
专业支持	第十二条：发起倡议的行业协会和机构，为"走出去"金融机构和企业在环境风险管理领域提供能力建设服务。

在"一带一路"对外投融资框架中，将环境保护、社会效益等因素纳入投融资决策是贯彻落实可持续发展理念、共建"绿色丝绸之路"的重要体现，不仅可满足沿线国家经济、社会可持续发展的需要，而且可以提升中资企业和金融机构对外投资的项目绩效，在境外树立中资企业的良好口碑，体现我国负责任大国形象。未来我国企业和金融机构在赴"一带一路"沿线国家开展投融资过程中，要关注环保、气候变化、节能、减排等环境因素，不断做好信息披露工作；同时尊重当地文化传统，遵守当地法律法规，加强与社会和民众的沟通，勇于承担社会责任；在"一带一路"建设中开展负责任投资，实现国内企业和东道国经济社会的共同发展。

第三节 发挥绿色金融撬动作用，共建"绿色丝绸之路"

绿色金融指支持环境改善、应对气候变化和资源节约高效利用的经济活动，即对环保、节能、清洁能源、绿色交通、绿色建筑等领域的项目投融资、项目运营、风险管理等所提供的金融服务[①]。在"一带一路"投融资绿色化的推进过程中，绿色金融能发挥重要的撬动作用，不断引导社会资本从传统产业流向绿色产业。我国目前已在国内搭建了较成熟的绿色金融体系，多元化绿色金融工具蓬勃发展，为建设"绿色丝绸之路"打下了良好基础。同时，我国在"一带一路"建设中不断强化与沿线国家的绿色金融共识，推动各方共同实现可持续发展。

近年来，我国绿色金融蓬勃发展，成绩显著。为了动员和激励更多的社会资本投入绿色产业，中国人民银行等部委高度重视绿色金融发展，不断完善顶层制度设计，加强金融政策与产业政策的协调配合，严格控制对高耗能高污染行业、环境违法企业的资金支持，引导各金融机构创新使用绿色信贷、绿色债券、绿色基金等市场化金融工具，支持绿色产业发展。

加强制度建设，积极构建绿色金融体系。2016年8月中国人民银行等七部委联合发布《关于构建绿色金融体系的指导意见》（以下简称《指导意见》），将绿色金融体系建设上升到国家高度，提出中国绿色金融发展的顶层设计。《指导意见》从可持续发展的全局出发，提出了支持和鼓励绿色投融资的一系列措施，包括大力发展绿色信贷、推动证券市场支持绿色投资、设立绿色发展基金、发展绿色保险等，以引导和激励更多社会资本投入绿色产业，同时有效抑制污染性投资。《指导意见》的出台标志着我国已构建起比较完整的绿色金融政策体系，这对转变经济增长方式、引导社会资本积极参与绿色项目、降低融资门槛、促进经济健康发展有着深远的意义。

随后，中国人民银行又于2017年6月出台了《落实〈关于构建绿色金融体系的指导意见〉的分工方案》，为中国绿色金融体系建设制定了时间表和路线图。绿色债券、绿色信贷、环境信息披露、评估认证、绿色银行评价等细化政策陆续出台，使绿色金融发展有章可循、有据可依。

在上述政策文件的指导下，我国金融机构和企业不断探索和发展绿色金融工具，推动绿色金融蓬勃发展。2013年6月末至2017年6月末，国内21家主要银行绿色信贷规模保持稳步增长，绿色信贷余额从5.20万亿

---

① 参见中国人民银行等七部委联合发布的《关于构建绿色金融体系的指导意见》。

元增至8.22万亿元人民币，占全部信贷余额的9%；截至2017年底，中国已成为全球第二大绿色债券发行国，绿色债券发行量高达371亿美元，同比增长4.5%，约占全球总规模的22%。部分银行赴海外发行绿色债券，如2016年11月中国银行伦敦分行发行的绿色担保债券，以及2017年9月中国工商银行卢森堡分行发行的"一带一路"气候债券。在通过证券市场支持绿色发展方面，2017年，我国17家节能环保、清洁能源领域的企业和绿色上市公司实现上市融资和再融资共计154.73亿元，部分绿色企业实现了境外上市。

发展绿色金融可在促进"一带一路"沿线国家环境保护和生态建设、实现共建"绿色丝绸之路"方面发挥重要的撬动作用，绿色金融工具则是重要的着力点。

从整体上看，绿色金融可通过多种金融工具和服务形式发挥金融的杠杆作用，成为建设"绿色丝绸之路"的重要推手。如前所述，相比于建设单个绿色项目或对单个项目进行环保规范，绿色金融可作用于一系列项目，撬动的生态环境效益要更广泛、更长远。绿色金融的属性是商业性和市场化，追求盈利和回报。通过充分发挥市场对资源配置的基础性作用，绿色金融可引导金融资源配置到绿色领域，减少对污染性行业的金融支持，发挥杠杆作用，促进产业结构的绿色转型升级，服务于"一带一路"沿线国家当地经济的绿色发展。

从绿色金融工具看，灵活运用绿色信贷、绿色债券、绿色基金、绿色保险等多种绿色金融工具可以放大绿色金融的撬动作用，更好地服务于"一带一路"建设。

绿色信贷可促使银行发挥信贷资源配置作用，引导我国绿色产业"走出去"。绿色信贷是目前"一带一路"绿色项目投融资的首要资金来源，也是目前使用最多、最为典型的绿色金融市场工具。银行通过绿色信贷产品将环境保护、资源节约、污染治理等纳入信贷决策，可以引导我国绿色产业"走出去"，成为"一带一路"绿色投融资的重要落脚点。同时，我国银行绿色信贷发展经验也可以成为"一带一路"沿线国家发展绿色信贷业务的重要借鉴和参考。

绿色债券有助于广泛吸引投资者参与"一带一路"建设,解决"一带一路"项目融资难题。相比于其他固定收益证券,绿色债券的特别之处在于所募集资金必须用于为绿色项目提供融资或再融资。发行人的绿色债券收益将与绿色项目的业绩表现相关,因此运用好绿色债券这一全球可持续发展的重要手段,有助于解决"一带一路"项目融资规模大、融资期限错配等难题。同时,绿色债券流动性较强,风险较低,部分绿色债券甚至免税,这些因素都增加了绿色债券对投资者的吸引力,有助于在一定程度上填补"一带一路"项目融资缺口。例如,2016年7月,由金砖五国发起成立的金砖国家新开发银行(New Development Bank)发行了30亿元人民币绿色金融债券,认购倍数高达3.1,证明了绿色债券在"一带一路"国家得到了较高的认同和重视。

绿色基金对支持"一带一路"建设有其独特优势,已成为推动建设"绿色丝绸之路"的重要载体。绿色基金的资产总值大半都用于绿色项目,主要包括绿色股权投资基金、绿色创业投资基金和绿色证券投资基金等。在为"一带一路"建设提供投融资支持方面,绿色基金投资周期较长,可以较好地匹配"一带一路"沿线基础设施项目的资金需求;对企业不设有苛刻门槛,不需要企业提供抵押担保。绿色基金在债权投融资之外引入了股权投融资,更加关注绿色企业的长期收益,有利于绿色技术的研发,以及绿色产业在"一带一路"沿线国家当地规模化发展。例如,中国进出口银行发起设立的中国-中东欧基金,超过55%投向了风电、光伏发电等绿色能源领域,减少波兰、捷克等国二氧化碳排放近200万吨。

绿色保险能够有效引导企业防范环境污染风险,为"一带一路"建设化解环境相关风险。总体来看,沿线国家资源环境综合绩效指数[①]较低,绿色保险,特别是环境污染责任险能够针对部分国家的环境脆弱性,从微观和宏观两个层面为"一带一路"建设化解环境和社会风险。从微观上看,引导企业使用绿色保险有利于鼓励企业防范环境污染风险,分担赔偿

---

① 中国科学院可持续发展战略研究组于2006年提出了资源环境综合绩效指数,指一个地区或国家多种资源消耗或污染物排放绩效与全国或世界相应资源消耗或污染物排放绩效比值的加权平均。数值越大,表明资源环境综合绩效水平越低;数值越小,表明资源环境综合绩效水平越高。

第十一章 推动"一带一路"投融资绿色化，打造"绿色丝绸之路"

责任，有效地打破"企业污染，政府和受害者埋单"的怪圈，强化企业运营和投融资的环境和社会风险管理；此外，如果没有保险，许多企业在发生意外污染事故之后将无力提供赔偿和支持环境修复。从宏观上看，对某些行业采取强制保险能将环境成本内生化，从而引导企业减少高环境风险的投资行为，避免污染事故的发生。

我国还在重要国际场合下持续做工作，深化"一带一路"绿色投融资合作。投融资绿色化是推进"一带一路"倡议的重要一环，是带动沿线国家和地区经济可持续发展的重要切入点。推动"一带一路"绿色投融资合作有助于与沿线国家深化绿色发展共识。2016年以来，我国通过二十国集团（G20）、中英经济财金对话、中法经济财金对话等重要的多双边国际交往场合，强化全球绿色投融资理念，积极分享绿色金融发展经验和最佳实践，不断深度参与绿色金融规则制定，并积极引领全球绿色金融的发展进程，深化"一带一路"绿色投融资（见专栏4）。

专栏4　我国在绿色金融领域的国际合作

加强国际合作有助于与"一带一路"沿线国家深化绿色发展共识，共享发展经验和最佳实践，同时以国内成熟完善的绿色金融体系带动"一带一路"沿线国家建设主体多元、高效运行的绿色金融服务体系。在国际交往中，我国一直扮演着绿色金融"旗手"的角色，引领并推动了全球绿色金融的健康发展。

（一）在G20框架下的绿色金融合作

我国在2016年担任G20轮值主席国，首次将绿色发展理念融入G20议题，并倡议成立G20绿色金融研究小组（Green Finance Study Group），由中国人民银行和英格兰银行共同主持。G20绿色金融研究小组于2016年和2017年分别完成两份《G20绿色金融综合报告》，相关政策建议分别纳入《G20杭州峰会公报》及《G20汉堡行动计划》。2018年，G20绿色金融研究小组更名为G20可持续金融研究小组，并顺利完成《2018年G20可持续金融综合报告》，从推动为资本市场提供可持续资产、发

111

展可持续股权投资和风险投资、在可持续金融领域运用金融科技三个方面提出了政策建议。

绿色金融研究小组自成立以来持续推动绿色金融发展，相关工作获得了广泛的国际支持。在其推动下，绿色金融逐渐主流化，许多国家、国际组织和金融机构也积极响应绿色金融研究小组提出的倡议和措施。如欧盟成立了"可持续金融高级别专家组"，为可持续融资综合性战略提供政策建议；沙特阿拉伯宣布将在2023年前向可再生能源领域投资300亿~500亿美元；OECD成立了"绿色金融与投资中心"，旨在为全球经济向绿色、低碳和气候友好转型提供政策支持。

（二）通过双边对话，深化绿色金融合作

近年来，中国与多个沿线国家开展绿色金融对话，不断推动绿色金融合作和标准趋同。我国与英国、法国、蒙古国、南美多国开展对话交流和研究合作，分享中国绿色金融发展实践和经验，为这些国家绿色、可持续发展转型提供有益参考。

例如，在中英经济财金对话机制下成立了中英绿色金融工作组，就绿色债券跨境资本流动、环境风险分析、"一带一路"投融资绿色化等议题开展联合研究，并鼓励两国金融机构参照气候相关财务信息披露工作组（TCFD）的建议开展环境信息披露工作试点。中国金融学会绿色金融专业委员会还与欧洲投资银行在第23届联合国气候大会期间发布《探索绿色金融共同语言》白皮书，对国际上多种不同绿色债券标准进行了比较，为中国与欧盟绿色债券的可比性和标准一致性提供了基础。

第四节　多措并举推动投融资绿色化，共建"绿色丝绸之路"

目前，在我国政府部门、行业协会、投资主体的共同努力下，"一带一路"投融资绿色化已取得了一些重要进展。我国绿色金融顶层设计不断成熟完善，对各方开展工作提供了政策指引；国内部分重要金融机构在进

第十一章 推动"一带一路"投融资绿色化,打造"绿色丝绸之路"

行投融资决策时已将环境、社会等因素纳入决策框架;绿色金融工具的创新发展也为"一带一路"投融资绿色化提供了有力支撑。但目前,"一带一路"投融资绿色化仍在起步阶段,尚面临一些问题和挑战。

未来,应继续大力支持和推动"一带一路"投融资绿色化。实现"一带一路"投融资绿色化非一日之功,需要国内政府部门、行业协会和投资主体多方形成合力,在"一带一路"对外投融资过程中不断培育投融资绿色化理念,关注环境保护和社会效益,重视生态文明建设,践行可持续发展理念。应在以下两方面继续做工作,推动实现"一带一路"投融资绿色化。

一方面,继续鼓励企业和金融机构在"一带一路"对外投融资过程中充分识别和量化评估环境风险和社会效益。如果金融机构未能够识别并充分考虑投资项目中的重大环境和社会因素,可能会对相关的短期和长期环境风险进行错误定价,错判项目的投资价值。因此应不断提高企业和金融机构识别环境风险和社会效益的能力,鼓励它们通过使用适当的分析工具和指标,将环境和社会相关因素转化为数据信息,以便更好地判断环境、社会因素可能对投资项目带来的潜在影响,为客观、全面地进行投资决策提供更多参考。

不断完善环境和社会风险信息披露制度。构建完善的环境和社会信息披露制度不仅可以作为一种监督手段,督促企业和金融机构在对外投融资过程中充分评估环境和社会风险,还可以从一定程度上提高项目透明度,吸引投资者将资产配置于环境、社会友好的项目上。政府部门应不断完善制度建设,鼓励甚至强制要求企业和金融机构披露环境和社会风险信息。

另一方面,应继续大力发展绿色金融,发挥绿色金融对"一带一路"建设的撬动作用。为实现"一带一路"投融资绿色化,绿色金融不能缺位。作为一种市场化的制度安排,绿色金融可通过多种金融工具和融资方式,发挥金融的撬动作用,引导资金流向绿色产业。未来,可继续创新绿色融资手段,提升绿色标准可比性和一致性,加强沿线国家绿色金融能力建设,在促进沿线国家经济社会发展的同时,改善当地生态环境,推动各方可持续发展。

创新绿色金融工具，鼓励利用股权投资（PE）和风险投资（VC）等多元化融资方式支持绿色企业发展。很多处于发展初期阶段的企业和中小企业着眼于开发绿色环保技术，运用可持续商业模式，对环境和社会具有积极影响，但这些项目投资收益水平常常被市场误认较低，此类企业往往面临一定的融资困难。股权投资和风险投资融资方式更为灵活，可以提供多元化的融资方案，帮助相关企业解决融资困境。

逐步提升"一带一路"沿线国家之间绿色标准的可比性和一致性。绿色标准是绿色金融体系中一个具体的操作性指南，在"一带一路"沿线国家和地区形成一致的、可比的绿色标准可以为机构投资者提供直观的对比和参考，有助于资金加速流入"一带一路"沿线国家和地区的绿色项目。这些绿色项目在未来可以形成一类单独的资产类别，沿用一致化的绿色标准，从而降低投资门槛，吸引更多机构投资者和资产管理机构的参与，调动多方力量共建绿色"一带一路"。

推动加强"一带一路"沿线国家绿色金融方面的能力建设。部分"一带一路"沿线国家尚未设立绿色标准或绿色金融体系，我国已搭建了较成熟的绿色金融体系。通过加强能力建设等方式，我国可与沿线国家共享经验，为其提供绿色标准范例或参考，提高沿线国家开展绿色基础设施项目的能力。

近年来，我国在"一带一路"建设中践行可持续发展理念，不断推动"一带一路"投融资绿色化，通过将环境保护、社会效益等因素纳入对外投融资体系和充分发挥绿色金融的撬动作用，与"一带一路"沿线国家共享绿色金融发展经验，促进沿线国家经济和社会平衡、可持续发展。未来，"一带一路"投融资绿色化还有充足的发展空间，我们可从提高绿色标准一致性、鼓励金融机构识别和量化环境风险、开展绿色金融能力建设、推动跨境绿色债券投资等方面着手，撬动多方力量共同构建"绿色丝绸之路"，推动投融资绿色化在"一带一路"建设中发挥更大作用。

第十二章

加强能力建设，完善投融资"软环境"

"一带一路"倡议为全球经济发展提供了"中国方案"和"中国智慧"，为沿线各国带来亟须的基础设施投资，不断改善当地经济发展的"硬环境"。但同时，"一带一路"倡议的顺利落地，仍需要沿线国家在政策框架、营商环境、风险管理等"软环境"上提供支持。改善投融资"软环境"可降低国内企业和金融机构的投资风险，还有助于增加"一带一路"倡议号召力，吸引各方资金参与"一带一路"建设。"一带一路"倡议自提出起就不仅包括基础设施等硬件的互联互通，还涵盖政策沟通、民心相通等"软环境"建设。为此，我们应在"一带一路"倡议框架下，支持沿线国家加强能力建设，改善沿线国家政策"软环境"，这不仅是"一带一路"倡议的应有之义，也有助于改善当地营商环境，为我国企业和金融机构对外投融资提供便利与保障。

第一节 完善投融资"软环境"是推进"一带一路"建设的重要保障

"一带一路"沿线覆盖64个国家和地区，跨越亚欧非三个大洲，地理覆盖面积广阔，沿线国家的地理条件、资源情况、基础设施等"硬环境"差异较大。部分发展中国家经济基础薄弱，交通、电力、供水、通信等基础设施"硬件"有待加强，是"一带一路"建设的重要着力点。同时，以宏观环境、营商环境、融资框架等方面为代表的投融资"软环境"也是推动"一带一路"沿线国家经济发展的核心要素。

"软环境"是相对于"硬环境"的概念，指物质条件以外的诸如政策、文化、制度、法律等外部条件和因素的总和，具体包括思想观念、文化氛围、体制机制、政策法规、税收体系、营商环境以及政府行政能力等方面。

改善投融资"软环境"是提高"一带一路"建设项目对外部资金吸引力的重要基础和保障。"一带一路"建设相关的基础设施项目往往资金需求量较大、投资期限较长、项目风险较高，需要撬动多方力量共同参与。不论哪家企业或金融机构在进行跨国投融资决策时，均应考量东道国的宏观经济政策、营商环境、法律法规、项目执行能力等"软环境"要素。稳定的宏观经济、友好的营商环境、健全的法律制度、良好的项目执行和运营能力可缩小项目建设中的不确定性，降低项目成本，保障资金安全。但实际情况是，部分"一带一路"沿线国家宏观经济易受冲击，汇率波动频繁，法律法规和行政流程不够成熟透明，这些均有可能延长项目推进周期，拉高项目建设成本，甚至导致项目搁浅或终止。在此背景下，帮助沿线国家改善投融资"软环境"有助于降低项目建设和运营中的不确定性，保障资金安全，吸引更多外部资金参与"一带一路"建设，还能促进沿线国家经济社会发展，改善当地人民生活水平，使沿线国家自身受益。

具体而言，投融资"软环境"可分为宏观经济、营商环境和融资框架三大方面。在宏观经济方面，大部分"一带一路"项目的运营收入与东道国的宏观经济运行情况紧密相关，当经济快速发展时，基础设施项目往往能获得大量运营收入，可在提供公共服务的同时实现项目自身的财务可持续。但若宏观经济动荡，项目运营的风险变数将大大增加，为项目带来不利影响，甚至是收益损失。

同时，政府在宏观经济方面的政策措施也会给项目带来显著影响。例如，健全透明的税收体系有助于降低信息不对称性，为企业在对外投资过程中依法缴税提供便利；明确的税收优惠政策对保护投资主体利益可发挥积极作用；在完善的外汇体系下，企业可不再面临汇兑限制，这有助于减少因汇率大幅波动造成的项目损失。

在营商环境方面，主要涉及的是保障企业建立、运营和发展壮大的制度环境。在推进"一带一路"建设的过程中，项目的顺利落地需要与沿线国家当地多个政府部门打交道，涉及企业注册、产权登记、办理施工许可、接入当地电网、执行商业合同等多个重要环节。在此过程中，办事流程的简化、办事透明度的增强有助于为企业在当地的营商活动提供便利，提高工作效率，节约合规成本，有助于营造公平的市场环境。同时，行政部门政务电子化水平的提高也有利于顺畅办事流程，节约项目前期的筹备时间。

在融资框架方面，主要涉及当地企业或项目获得资金的便利程度和成本。沿线国家健全的金融市场可为"一带一路"项目提供丰富的融资渠道，从而使项目获得充足的资金支持。多样化的利率、汇率风险对冲工具有助于降低企业和金融机构参与"一带一路"建设中面临的汇率风险，保障企业和金融机构对外投资安全，降低资金成本。同时，发展本地债券市场，引入更丰富的金融工具，不断优化当地投融资环境还有利于增强东道国经济韧性，提高东道国抵御外界冲击的能力。

帮助沿线国家加强能力建设是改善投融资"软环境"的有效手段之一。推进"一带一路"倡议不仅要建设沿线各国基础设施等经济发展的"硬环境"，也要改善当地宏观经济、营商环境、融资框架等"软环境"。加强能力建设是改善"软环境"的一项有效手段。通过为"一带一路"沿线国家提供能力、知识、技术等方面的援助或培训项目，帮助沿线国家建立符合自身国情的政策体制、营商环境和融资框架，增强当地"软环境"实力，既顺应我国一直坚持与发展中国家加强团结合作的对外政策基本立足点，又能从根本上、可持续地改善当地"软环境"，从而实现"一带一路"建设中"硬环境"和"软环境"的兼顾发展，真正惠及当地群众。

第二节 分享发展经验，加强能力建设

"一带一路"倡议自提出起就被赋予了支持沿线国家改善"软环境"的重要意义。我国与沿线国家不断加强"政策沟通"，在与沿线国家对接各自发展战略的同时，在宏观经济、政策制定等领域加强交流合作。我国还不断深化与"一带一路"沿线国家的"民心相通"，向沿线国家提供政

府奖学金和多种类培训项目，帮助沿线国家培养人才，向沿线国家传授经验。据商务部统计数据显示，截至 2017 年 5 月，我国已为"一带一路"沿线国家培养各类人才 10 万余名，广泛覆盖交通、钢铁、电力、金融、农业、教育、医疗、减贫等领域。

事实上，在改善投融资"软环境"方面，国际金融机构能够发挥非常重要的作用。IMF、世界银行、亚洲开发银行、欧洲复兴开发银行、非洲开发银行、泛美开发银行等国际金融机构历史悠久，在宏观经济政策制定等方面积累了丰富的经验，不仅拥有专业的人才储备，而且长期与各国维系着良好的关系，能够为促进新兴市场经济体和发展中国家经济社会发展建言献策。此外，上述机构在完善营商环境、发展当地资本市场等方面经验丰富，也能够在基础设施项目筹建和运营方面为各国提供咨询意见和政策支持。

在我国改革开放初期，IMF、世界银行等国际金融机构向我国提供了一系列的技术援助支持，带来了先进的经济改革理念、项目管理方法和技术。随着我国经济社会的快速发展，我国的发展理念、方法技术和成功经验也逐渐受到各方关注，我国的角色逐步从接受政策技术援助转为可以分享良好经验和提供有益参考。因此，我们可以通过与 IMF、世界银行等国际金融机构加强合作，向"一带一路"沿线国家宣介改革开放成果和发展经验，加强对沿线国家的能力建设支持，促进其"软环境"的不断改善。

借鉴我国早期发展经验，与国际金融机构开展合作，为沿线国家提供能力建设支持，对改善当地投融资"软环境"、推进"一带一路"建设有诸多好处。一是凝聚我国和国际金融机构的力量，共同向"一带一路"沿线国家提供能力、知识和技术支持，帮助各国构建良好的宏观经济政策和营商环境，在填补当地基础设施建设缺口、推动"一带一路"项目顺利落地的同时，实现自身的经济社会发展。二是国际金融机构除了提供基础设施项目融资支持以外，还对项目所在国家的经济、社会和金融发展具有较深的了解和长期的跟踪，与国际金融机构共享信息可为我国企业和金融机构在当地投资和参与项目提供及时、有效的信息参考。三是我国在普惠金融、绿色金融、经济特区建设和国际产能合作等领域不断积累经验，与国

第十二章 加强能力建设,完善投融资"软环境"

际金融机构开展合作,有助于在上述领域与沿线国家共享发展经验,拓展对沿线国家提供技术援助支持的领域。

专栏5 我国与国际金融机构在能力建设方面的合作

自1980年我国恢复在IMF的合法席位以来,我国不断与多家国际金融机构开展能力建设方面的合作。近年来,一些能力建设项目对改善"一带一路"沿线国家投融资"软环境"发挥了重要作用。

(一)设立中国-IMF联合能力建设中心

2017年5月,习近平主席在首届"一带一路"国际合作高峰论坛开幕式上宣布,中国将与IMF联合成立能力建设中心。同日,中国人民银行与IMF签署了《中国人民银行-国际货币基金组织关于建立中国-基金组织联合能力建设中心的谅解备忘录》(MOU)。随后,中国-IMF联合能力建设中心于2018年4月12日在北京正式成立。联合能力建设中心的设立是我国与IMF在能力建设合作方面的标志性项目,有助于提升我国在国际和地区层面的影响力,服务于"一带一路"倡议。

中国-IMF联合能力建设中心办公室设在北京,依托中国人民银行大连和深圳培训中心,主要面向"一带一路"沿线国家以及中国政府机构,借助IMF的专业优势,为"一带一路"沿线国家提供各类宏观经济金融课程,有效支持我国和沿线各国能力建设,促进沟通交流和经验互鉴。截至2018年8月,联合能力建设中心已成功举办4期培训项目,面向国内多个政府部门和柬埔寨、缅甸、老挝、尼泊尔、乌克兰等多个"一带一路"沿线国家,参与人次达132人。

(二)与非洲开发银行的能力建设合作

自1985年我国加入非洲开发银行以来,我国通过贷款、捐资、设立非洲共同增长基金等渠道,支持非洲基础设施、工业化、能源等各项事业发展,支持非洲国家加强能力建设,促进中非之间的交流合作。

2008年5月,中国人民银行与非洲开发银行在莫桑比克马普托年会期间联合举办了"中非在发展农村金融领域的经验"研讨会,与非洲国

119

家代表共同探讨推动农村金融发展、提高农村金融服务水平的有效措施。2014年5月，中国人民银行与非洲开发银行在卢旺达年会期间联合发布《中国经济特区经验及对非洲借鉴》研究报告并举办国际研讨会，与非洲国家分享了我国自20世纪80年代起创办经济特区的经验，提高了非洲国家对经济特区建设的认识和参与度，与非洲国家当前探索经济转型与工业化的背景相契合，以此加强对非洲国家能力建设方面的支持。

（三）与欧洲复兴开发银行的能力建设合作

欧洲复兴开发银行覆盖中东欧、中亚、中东等地区，与"一带一路"经济带范围高度契合。欧洲复兴开发银行一向重视对区内转轨国家经济发展和转轨经验的研究，每年发布的转轨报告具有很强的国际影响力。欧洲复兴开发银行的一大特点是长期专注于支持私人部门发展，熟悉相关领域的国际规则，在项目筛选、融资方案设计、风险控制等方面有不少成熟做法。因此，欧洲复兴开发银行在帮助各国改善投融资"软环境"，吸引私人部门投资方面经验丰富。

自我国2016年加入欧洲复兴开发银行后，不断加强我国与欧洲复兴开发银行在"一带一路"沿线地区的能力建设合作。2017年7月，中国人民银行与欧洲复兴开发银行在"一带一路"倡议下联合举办了以加强合作为主题的研讨会。会上，各方就如何发挥合力、加强中国与欧洲复兴开发银行的合作、助推"一带一路"建设等议题进行了深入探讨。此外，为进一步丰富合作机会、顺畅沟通渠道，我国还协助欧洲复兴开发银行在北京、上海等地举办商业机会研讨会，为双方的交流合作搭建平台、创造机会。

（四）与泛美开发银行的能力建设合作

自2009年成为泛美开发银行成员以来，我国与其不断加强合作，通过设立能力建设技援基金等多种形式，为拉丁美洲各国政府加强能力建设提供重要的资金支持。在信息交流共享方面，中国人民银行在中国加入泛美开发银行时，设立了7500万美元的能力建设技援基金，帮助拉丁美洲各国政府推进改革措施和能力建设。利用技援基金的资金支持，我

第十二章 加强能力建设，完善投融资"软环境"

> 国多次与泛美开发银行联合举办"中拉政策与知识高端研讨会"，促进中国和拉丁美洲各国在小额信贷、海关、农业、城镇化等多领域交流。
> 2017年6月，中国承包商会联合国家开发银行、中国进出口银行、泛美开发银行等多家单位共同发布了《中国企业境外可持续基础设施项目指引》，成为国内首份引导企业投资建设可持续基础设施的行业性标准。

在未来推进"一带一路"建设的过程中，我国应继续同时兼顾"硬环境"和"软环境"的平衡建设，与"一带一路"沿线国家进一步加强沟通，通过能力建设等途径，改善沿线国家投融资"软环境"，促进沿线国家宏观经济稳定运行、营商环境不断优化、融资框架健全发展，为"一带一路"建设提供持续的推动力。

我国应延续前期的有效方法，继续与各国际金融机构加强合作，发挥国际金融机构的催化作用，与沿线国家进一步加强政策沟通和经验共享，满足当地的能力建设需求，为当地经济社会的可持续发展提供有力保障。

此外，还应不断探索和拓展与沿线国家开展能力建设的合作领域。我国在普惠金融、绿色金融、经济特区建设和国际产能合作等方面积累了较丰富的发展经验，可对部分"一带一路"沿线国家形成有益参考，既能够帮助它们充分利用"一带一路"的发展机遇，带动当地经济社会的可持续发展，又能与沿线国家共同打造互利共赢、平衡多元、风险共担、收益共享的投融资机制。

第三节 加强能力建设，完善沿线国家宏观经济政策框架

通过加强能力建设改善沿线国家投融资"软环境"的一个重要领域是完善宏观经济政策框架。"一带一路"倡议为沿线国家弥合基础设施缺口提供了重要机遇，但部分"一带一路"基础设施项目规模庞大、周期较

长，沿线国家公共部门可能应对经验不足。因此，为推动沿线国家更好地抓住"一带一路"倡议带来的发展机遇，在未来与国际金融机构开展能力建设合作时，可从财政政策、公共投资管理、税收体系等多角度入手，帮助沿线国家完善和加强宏观经济政策框架。这不仅有助于提高沿线国家管理大规模投资项目的能力，并且有助于提升项目对外部资金的吸引力，动员多方力量为项目筹建提供有力的融资支持，还有助于降低外部风险和不确定性，为项目的稳健运营提供保障。

强健的财政政策框架有助于"一带一路"沿线国家实现收益最大化。"一带一路"项目投资规模相对庞大，一段时间内集中的基础设施项目投资流入有助于推动当地经济增长，也会为财政支出管理带来挑战，这需要当地政府部门合理规划财政预算，适度平滑公共支出，既要避免在投资激增时进行无效率的公共支出，又要避免在投资放缓时急剧削减公共支出。同时，在编制财政预算时应确保数据可靠完整，程序公开透明，有助于当地政府为新增的"一带一路"建设项目留有充足的财政空间，为防范外部风险提供一定缓冲。此外，强健的财政政策框架也要求当地公共部门加强对财政风险的识别和监测，并采取有效措施防范化解风险，从而为"一带一路"建设营造稳健的财政环境。

加强公共投资管理有助于提高"一带一路"项目投资效率。虽然支持"一带一路"建设的主力是私人部门资金，但"一带一路"项目或多或少都涉及沿线国家的政府公共投资。加强公共投资管理，有利于提高"一带一路"项目的效率，提升基础设施项目的质量和服务覆盖范围。具体而言，明晰可行的公共投资规划以及监督框架有助于确保公共投资具备财政可持续性，促进各级政府和公私部门之间加强协调。很多沿线国家已开始利用政府和社会资本合作（PPP）模式撬动私人部门资金参与基础设施项目建设，项目流程的透明化和合同文本的标准化有利于提高 PPP 项目效率，在这一方面，各国还有可以努力的空间。

完善可靠的税收政策有助于沿线国家应对"一带一路"倡议带来的税收挑战。"一带一路"投资项目可能对当地税收政策和管理带来一些挑战，例如，是否对某些行业或地区的投资项目给予税收优惠，如何对大规模跨

第十二章 加强能力建设，完善投融资"软环境"

境投资征税等。目前，部分沿线国家的税收政策还有待完善，在跨境投资税收征管方面可能还存在空白。目前国际上对跨境投资征税也尚未达成共识，形成统一规则。同时，"一带一路"项目投资跨境资金流动大额且频繁，相关国际税收筹划和税收竞争等问题亟待解决。因此，完善可靠的税收政策可以帮助沿线国家应对上述挑战，既能保障沿线国家的税收收入稳定，又能提高对境外资金的吸引力。沿线国家有必要采取措施，加强自身税收政策建设，并积极参与国际税收协调。

未来，我国在与国际金融机构开展能力建设合作时，可在契合沿线国家需求的基础上，分享相关经验，促进沿线国家改善宏观经济政策框架。在完善财政政策框架方面，可帮助沿线国家合理设计财政政策，制定中期预算框架，以便在投资周期性波动中平滑财政支出；在制定中期预算规划时，可采用具体量化的财政目标，同时保证相关数据公开透明；及时监测和分析财政风险，加强财政风险管理，采用概率预测等方法制订应对外部冲击的财政备选方案，防范化解外部风险。

在完善公共投资管理方面，可帮助沿线国家制定清晰合理、切实可行的公共投资战略和规划，对资金作出统一合理地分配，加强各级政府和公私部门之间的统筹协调；建立有效的公共投资监管框架，保证财政资金成本和风险处于可控水平；对采用PPP模式的项目在评估、甄选、招标、执行等环节提高透明度，鼓励在合同文本中使用标准化条款。

在税收政策方面，可鼓励税务管理部门扩大信息收集和共享范围，对给予税收优惠政策的项目进行经济效益和成本评估，平衡好通过税收优惠政策吸引外部资金和维持财税收入二者的关系；提高沿线国家税务管理部门对跨境投资项目的税收征管能力，鼓励其完善税收政策框架，积极参与国际税收协调。

综合看来，改善"软环境"与建设"硬环境"同等重要。良好的对外投融资"软环境"有利于推进"一带一路"项目顺利落地，吸引私人部门参与"一带一路"建设，保证中资企业对外投资的便利性和安全性。未来，我国应延续前期与国际金融机构开展能力建设合作的良好经验，进一步与沿线国家加强政策沟通和经验共享，将完善沿线国家宏观经济政策框架作为与国际金融机构开展能力建设合作的重要领域之一，关注财政政策、公共投资管理和税收政策等多个方面，致力于通过持续努力改善当地"软环境"，推动各方在"一带一路"倡议推进的过程中实现共同繁荣。

第十三章

深化互利合作，引导有序、健康、理性"走出去"

2013年以来，我国对外投资合作健康稳健发展，投资主体决策更加理性，行业结构持续优化，使我国不断从对外投资大国向对外投资强国迈进。随着"一带一路"倡议的提出，我国企业和金融机构"走出去"步伐明显加快，为促进国民经济持续健康发展、加强我国与沿线国家互利友好合作发挥了积极作用。

企业和金融机构有序、健康、理性地开展对外投资是推动"一带一路"倡议行稳致远的重要保障。从企业的角度看，进行对外投资根本上是为了满足企业拓展市场、积累资源、提升竞争力的内在需求，是一种企业自行发起的商业行为。因此，企业作为投资主体，要慎重选择投资行业与区位，妥善应对对外投资中的诸多风险。同时，还要尊重市场规律、遵守法律法规，承担社会责任，提高环保意识，坚持有序、健康、理性地开展对外投资。

政府部门在支持与引导企业和金融机构开展对外投资的过程中，一方面应强调与当地深化互利合作，形成优势互补，实现合作共赢，引导企业通过对外投资为"一带一路"沿线各国经济发展带来实实在在的福祉；另一方面，应不断完善对外投资监管框架和预防机制，规范企业境外投资行为和风险管控，确保企业合规经营。

第一节 在对外投融资中深化互利合作，实现优势互补

近年来，国内外市场加快融合，我国企业对外投资步伐明显加快，并

"一带一路"倡议与对外投融资合作框架

呈现出投资主体多元化、行业多样化、地域全球化、规模不断扩大以及技术含量不断提升的明显特征。根据商务部发布的《2017年度中国对外直接投资统计公报》，2017年全年，我国对外直接投资流量为1582.9亿美元，占全球比重超过一成，对外直接投资存量为18090.4亿美元，占全球外国直接投资流出存量份额的5.9%，排名第二位。我国企业对外投资范围覆盖了全球189个国家和地区，投资行业分布广泛，门类齐全。

"一带一路"倡议为沿线各国深化互利合作提供了重要机遇。在国际经济格局发生深刻变化的大背景下，全球价值链不断整合，各国分工定位趋于明确，各国吸引中方投资合作的意愿不断加强；与此同时，我国企业经营水平不断提高，升级转型力度逐步加大，着眼国际产业整合和布局，"走出去"步伐不断加快。在内外双重因素的作用下，我国对外投融资合作发展处于重要战略机遇期，"一带一路"倡议的提出同时为国内企业和沿线国家提供了投融资合作的重要窗口。

2017年，我国企业对"一带一路"沿线国家的直接投资流量为201.7亿美元，同比增长31.5%，占同期总流量的12.7%。其中，非金融类直接投资143.6亿美元，主要投向新加坡、马来西亚、老挝、印度尼西亚、巴基斯坦、越南等国家。对"一带一路"沿线国家实施并购62起，投资额88亿美元，同比增长32.5%。我国企业对外投资的快速发展既创造了可观的经济效益，又有利于统筹国内和国际两种资源、两个市场，提升我国经济发展水平。

为与沿线国家共享"一带一路"发展机遇，各方应着眼于优势互补，释放更多合作潜力。共建"一带一路"需动员多方力量，结合各方的发展优势，实现协同效应。对国内企业而言，这意味着顺应比较优势转移规律，一方面要结合企业的实际情况，着眼于自身具有比较优势的行业，专注于带动优质产能等企业自身的比较优势"走出去"；另一方面，应对接"一带一路"沿线国家当地的比较优势，整合当地的优势资源，实现企业和沿线国家经济社会的协同发展。

比较优势转移规律指随着某一经济体人均收入提高，劳动力等生产要素的成本会相应上升，比较优势将发生转移，产业将在国家和地区间相应

第十三章 深化互利合作，引导有序、健康、理性"走出去"

地发生阶梯转移。我国改革开放过程实际上是顺应比较优势转移规律发展经济的过程，利用低廉的劳动力成本、优惠的外资政策，早期主要承接轻工、纺织、服装玩具等产业，带动沿海地区崛起，后期主要承接机械、电子和通信等技术含量较高的产业。顺应这种比较优势转移规律，我国出口实现高速增长，逐步变成了"世界工厂"。

从国内各行业发展来看，我国劳动密集型产业比较优势正在逐步减弱，技术密集型产业比较优势正在逐步显现。随着改革开放和经济发展，我国的比较优势正在发生深刻变化。一方面，伴随着人口结构变化，劳动力成本加速上涨，劳动力从过去的极端丰富，到现在的相对短缺，原来有劳动力比较优势的产业就逐渐失掉了比较优势；此外，沿海地区土地、水、能源等生产要素成本也在大幅上涨。另一方面，经过连续多年的高投资、对教育科研的高投入以及高等教育的广泛普及，当前我国资本存量已实现大幅上升，技术水平和劳动力素质也有了明显提高。

从"一带一路"沿线国家的资源和禀赋看，东南亚地区部分国家仍处于发展初级阶段，劳动力资源丰富，且成本较低。如马来西亚和印度尼西亚在汽车零配件组装、电子电器方面都具有较高的劳动力优势，是诸多跨国公司的代工目的地。而伴随着我国人口结构变化，劳动力成本快速上涨，劳动密集型产业的比较优势逐步减弱，因此这些国家和地区可成为我国轻工业、家电、纺织服装等传统劳动密集型产业"走出去"的优选之地。例如，全球最大的鞋类代工厂之一的宝成集团自2015年起将部分产能陆续迁至越南和印度尼西亚，国内产量份额持续回落。

非洲地区劳动力资源、耕地等自然资源丰富，但基础设施建设存在较大缺口，是我国农业和建筑业"走出去"的重要目的地。21世纪以来，非洲地区逐步摆脱了20世纪80至90年代中期的经济低迷增长阶段，目前在全球20个增长最迅速的经济体中，非洲国家占13个，经济增长充满活力。据数据显示，非洲拥有全球12%的耕地资源，其中只有不到两成被开垦，大部分缺乏灌溉。因此对于我国农业而言，非洲具备了较好的区位条件。同时，非洲地区交通、电力、通信等基础设施条件落后，负责建设和维护的高级技术人员不足，我国企业与非洲多国在建筑业方面的合作也日益活跃。

中亚、拉丁美洲地区有一定的自然资源优势，但当地铁路、港口等基础设施建设仍存在较大缺口，机械与电机生产能力也较弱。而我国矿产资源进口依赖度不断上升，同时在装备制造、采掘加工、仓储运输等领域具有较丰富经验。因此，中亚、拉丁美洲地区多国可成为我国资源开发型企业和高端制造行业的重要投资合作地。例如，2017年5月，中核集团和阿根廷核电公司正式签署压水堆核电站框架合同，我国"华龙一号"核电技术将落地阿根廷，进军拉丁美洲核电市场。

随着"一带一路"倡议的推进，我国与沿线国家互利共赢合作不断深化，加速带动了装备、技术、服务、标准和品牌的"走出去"。在此过程中，政府部门应引导企业和金融机构根据自身条件和实力有序开展对外投资，规范企业对外投资行为，强调依法经营、合规发展；还应不断完善我国对外投资监管制度体系，推动我国企业和金融机构有序、健康、理性地"走出去"。

第二节 强化企业合规经营意识，引导企业健康"走出去"

合规经营是我国企业和金融机构"走出去"持续健康发展的基石和根本，是实现优势互补、互利共赢的重要保证。我国企业和金融机构在开展对外投资活动时，应同时在我国和东道国的法律框架内，合规经营，积极履行对当地的环境、社会责任。如此一来，既可以增强中资企业和融资方案对沿线国家项目的整体竞争力，又可以有效防控对外投融资风险。

企业和金融机构的合规经营指在"走出去"业务的各个环节，符合并遵守境内外相关法律法规。在对外投资环节，企业应全面掌握并遵守境内外关于市场准入、行业监管、反垄断、反洗钱、反恐怖融资等方面的具体要求，同时关注东道国的主权债务风险。在项目建设环节，企业应全面了解并遵守关于项目投标管理、当地劳工管理、环保要求、反腐败、反贿赂等方面的具体要求。在项目运营环节，企业应确保合规运营，遵守当地劳工权利保护、环保要求、反腐败、反贿赂等方面的具体要求。

践行依法合规、诚信经营的价值观是企业自身健康发展的需求。在"走出去"的过程中,强化合规意识、注重诚信经营,是企业防范金融风险、提升自身竞争力、树立良好形象、实现可持续发展的必然要求。作为"走出去"的决策主体、执行主体和责任主体,企业应做好五个方面的工作。第一,要完善经营管理体系,企业要建立健全境外投资决策、授权管理、财务管理等内部规章制度,明确细化问责制度。第二,要依法合规地开展经营活动,认真履行国内外相关手续,开展公平竞争,诚信经营。第三,要切实履行社会责任,满足当地劳工的合法权利,树立服务社会的良好形象。第四,要注重资源环境保护,提高资源节约、环境保护意识,遵守东道国环保法规,履行环保责任和相关法律义务。第五,还要加强境外风险防控,建立健全应急处置机制,完善境外安全保障措施,未雨绸缪,做好安全事故的事前防范和事后处理。

第三节 完善对外投资管理框架和预警机制

近年来,我国相关政府部门积极推动完善对外投融资监管框架,鼓励国内企业和金融机构积极参与全球化进程,已逐步建立起一套引导企业对外合规经营的制度框架,但随着企业"走出去"步伐加快,一些新问题、新挑战亟须相关政府部门妥善应对。

我国对外投资管理经历了一个逐步放松的过程。改革开放初期至20世纪90年代,中国外汇资金短缺严重,企业缺乏国际经营经验,对外投资实行审批制。从20世纪90年代末期开始,随着中国经济实力的不断增强和外汇储备的快速增长,对企业开展对外投资的管理不断简化,由审批制向核准制过渡。2004年7月,国务院发布《关于投资体制改革的决定》,标志着中国开始正式实施以核准制为主的对外投资管理体制,发展改革部门负责境外投资项目的管理,商务部门负责对境外设立企业的管理。

2013年以来,国家发展和改革委员会、商务部、中国人民银行、国家外汇管理局等相关部门按照"企业主体、市场导向、国际惯例、互利共赢、防范风险"的原则,支持企业开展对外投资活动,总体上已实现从核准制向备案制的转变。2014年,国家发展和改革委员会发布的《境外投资项目核准和备案管理办法》和商务部发布的《境外投资管理办法》,标志着中国对外投资管理由"核准为主"转变为"备案为主,核准为辅",大幅简化了审核手续,并将更多的权限下放。

近期,为引导企业对外投资方向,鼓励有条件的各类企业积极开展对外投资合作,我国政府部门通过出台相关政策,明确了鼓励、限制、禁止三类境外投资活动:鼓励支持境内有能力、有条件的企业积极稳妥开展境外投资活动,推动"一带一路"建设,深化国际产能合作,带动国内优势产能、优势装备、适用技术"走出去",促进国内经济转型升级,深化我国与世界各国的互利合作;限制境内企业开展与国家和平外交方针、互利共赢开放战略以及宏观调控政策不符的境外投资;禁止境内企业参与危害或可能危害国家利益和国家安全等的境外投资。

为进一步完善对外投资备案管理,政府部门还建立了"管理分级分类、信息统一归口、违规联合惩戒"的对外投资管理模式,在备案(核准)报告信息统一汇总、事中事后监管等方面推出了一系列创新性改革举措,旨在实现对外投资事前、事中、事后全流程管理,更好地服务"一带一路"建设和对外开放大局。对于境内投资主体投资到最终目的地企业的路径上设立的所有空壳公司,管理部门均不予备案或核准,通过"穿透式"监管掌握对外投资资金真实去向。

对外投资管理体系是"一带一路"对外投融资框架的重要组成部分,同时也是我国开放型经济体制的重要组成部分。为强化企业对外投资合规经营意识,进一步引导国内企业和金融机构健康、理性"走出去",在"一带一路"建设中切实实现优势互补,互利共赢,相关部门需要加强协调,基于现有法律法规和职能分工,统筹考虑,形成全面、统一的对外投融资监管体系。未来,我国对外投融资监管可重点关注以下方面。

第一,更多地运用市场化手段,建立起科学有效防范对外投资各类风险的长效机制。随着中国经济持续增长,企业"走出去"数量增多、"走出去"步伐加快将是长期趋势。对境外投资采取严格的事前备案核准和事

第十三章 深化互利合作，引导有序、健康、理性"走出去"

后干预等措施，可从一定程度上规范企业的对外投资行为。但仍需注意到，单一的行政化管控措施难以根据形势变化灵活调整。在某一时期采取的行政化管控措施可能需要紧随形势的变化而不断调整。

因此，建议相关监管主体部门探索建立针对企业和金融机构对外投资、以风险为基础的宏观审慎管理方式，通过市场化手段对对外投资的规模和流动进行逆周期动态调节，调节过程可与我国宏观经济和跨境资本流动形势相匹配，从而形成行政管控和宏观审慎调节相结合的对外投融资管理方式，增强我国对外投融资管理框架的灵活度，降低对行政手段的过度依赖，适应未来形势可能发生的多种变化。

第二，进一步引导国内企业和金融机构与沿线国家当地衔接比较优势，实现互利共赢。我国改革开放的过程是顺应比较优势转移规律发展的过程，在未来完善我国对外投融资管理框架的过程中，也应遵守这一发展规律，鼓励支持我国有能力、有条件的企业积极稳妥开展境外投资，带动我国优势产能、优势装备和技术标准的"走出去"，与沿线国家互利共赢、共同发展。

未来可进一步加强对外投资的行业引导，在顺应比较优势转移的客观规律下，引导我国以轻工、纺织服装、家电为主的劳动密集型工业向具有劳动力比较优势的国家"走出去"，加强经贸合作，拉动当地就业增长，促进当地经济社会发展；引导包括公路、铁路、桥梁、水坝在内的传统基建行业"走出去"，契合当地社会经济发展需要，满足沿线国家和地区的基础设施需求，加强"一带一路"基础设施互联互通；同时，也鼓励和引导高铁、工程机械、核电、电力设备等具有装备制造优势的企业"走出去"，提升我国在全球价值链中的地位和影响力。同时，鼓励与境外领先行业开展投资合作，弥补我国在部分行业存在的技术和资源短板，促进我国产业升级和跨越式发展。

第三，填补境内企业对外金融类投资的监管空白。根据现有部门分工框架，在当前境外投资的备案和核准体系中，存在境内企业对外金融类投资的监管空白。境内企业（包括金融企业）对外非金融类投资由商务部负责，通过《境外投资管理办法》等进行规范；境内融资主体境外投资项目由国家发展和改革委员会负责，通过《境外投资项目核准和备案管理办法》等进行规范；境内金融机构对外金融类投资由金融监管部门负责；而境内非金融企业对外金融类投资暂无明确分工规定。

作为当前对外投融资监管体系的突出问题，填补境内企业对外金融类投资的监管空白亟待解决。相关监管主体应通力协作，加强部门联动，保障相关制度设置科学合理，确保各项监管要求落到实位。

第四，加强对外投资监管协调。随着境内投资主体对外投资规模不断扩大，经营方式日益多样化，外汇交易产品日趋复杂，不同性质的交易行为相互交叉、相互渗透。同一交易主体的境外投资行为往往被分割管理，相关监管部门难以全面掌握交易主体的业务信息，不利于对复杂的跨境投资关联交易进行深入分析，采取动态有效监管。此外，当前各对外投资监管部门的监管政策标准、制度和流程不一，监管资源较为分散，联动监管难度较大，存在一定的政策逃离空间，亟须加强境外投资监管协调。

对此，一方面，可在相关部门间建立健全协作机制，加强部门之间的信息共享和监管协调，完善对外投资全程监管，优化对外投资综合服务，提高各部门应对对外投资短期风险的合作能力。另一方面，可加强企业间的协调与合作，督促企业遵守公平竞争的市场规则，遵守我国和东道国的法律法规，严格根据合同履约，坚决防止无序和恶意竞争。

第五，对金融机构对外投资而言，可完善监测预警统计工作。目前我国金融机构对外投资监测预警统计存在标准不一和数据基础不足等问题。国家外汇管理局、中国银行保险监督管理委员会、中国证券监督管理委员会等部门从自身职能定位出发统计数据，往往会在数据获取、统计范围、统计口径等方面存在一定的差异，导致监管部门信息掌握不全面、数据搜集不及时等问题。此外，有关资金来源、去向以及与"一带一路"相关的统计项目还有待明确、优化或创设。若监管部门难以获取对外投资的企业或项目经营状况及其他信息，就无法全面分析和及时预警，不利于对境外投资的投资效率、金融风险进行总体评估。

未来可探索设计金融监管指标。在微观层面，关注金融机构对外投资的国别分布，做好国别集中度控制；更加重视项目的商业可持续性和财务可持续性；做好极端情景的压力测试和应对预案。同时在宏观层面，应从宏观审慎和防范系统性风险的角度，根据形势对企业进行逆周期调节，对参与境外投资的系统重要性非金融企业提出更高的资本要求。

总体来看，企业有序、健康、理性"走出去"既是满足企业拓展市场、提升竞争力等内在需求的重要基础，也是与沿线国家深化互利合作的重要保障。在此过程中，应延续我国顺应比较优势转移规律的发展经验，将我国自身的发展优势与沿线国家的优势生产要素进行整合，在全球价值链中实现多方共同发展。为此，相关部门应在做好政策体系建设和风险把控引导的基础上，积极为中国企业对外投资保驾护航，在政策、服务、法律等层面提高对外投资便利度，防控潜在风险。同时，投资主体也应积极配合，审时度势，科学理性地配置资源，莫要进行盲目、非理性投资，应继续提高责任意识、风险意识和合规经营意识，抓住"一带一路"倡议的机遇，提升中资企业国际竞争力，助力我国产品、技术"走出去"。